向师而行

苏洁红 著

山西出版传媒集团

山西人民出版社

图书在版编目（ＣＩＰ）数据

向师而行 / 苏洁红著. -- 太原：山西人民出版社，
2023.6
ISBN 978-7-203-12656-0

Ⅰ. ①向… Ⅱ. ①苏… Ⅲ. ①大学生－教育管理－研
究 Ⅳ. ① G647

中国国家版本馆 CIP 数据核字 (2023) 第 076409 号

向师而行

著　　者：苏洁红
责任编辑：姚　澜
复　　审：魏美荣
终　　审：贺　权
装帧设计：谢蔓玉

出 版 者：山西出版传媒集团·山西人民出版社
地　　址：太原市建设南路 21 号
邮　　编：030012
发行营销：0351－4922220　4955996　4956039　4922127（传真）
天猫官网：https://sxrmcbs.tmall.com　电话：0351－4922159
E-mail：sxskcb@163.com　发行部
　　　　　sxskcb@126.com　总编室
网　　址：www.sxskcb.com

经 销 者：山西出版传媒集团·山西人民出版社
承 印 厂：三河市元兴印务有限公司

开　　本：880mm×1230mm　　1/32
印　　张：7
字　　数：180 千字
版　　次：2023 年 6 月　第 1 版
印　　次：2023 年 6 月　第 1 次印刷
书　　号：ISBN 978-7-203-12656-0
定　　价：59.80 元

如有印装质量问题请与本社联系调换

迷茫、徘徊、充满想象……是青春的常态。

当你翻开本书的时候，你会认识到一个不一样的我。

我有喜悦，有烦恼，也有迷茫。

书中的文字，或许能为你提供成长的经验。

李咏怡

序　言

　　辅导员的工作很重要，也很烦琐，只要是有关学生的问题，都能看到辅导员们忙碌的身影。刚刚入职的辅导员总是劲头很高，一个猛子扎进工作中，但有时陷入事务性工作很容易迷失方向，需要不断学习总结，把握重点，提高针对性。今年春季刚刚开学的时候，天气很冷，天上还下着雨，苏洁红带着他的书稿，拿着雨伞，来找我帮他写序。我心想，这几年，这小伙子进步很快，工作非常敬业；同时，在繁忙的工作中，他勤于思考，善于总结，把工作的心得体会、所思所悟，用心观察，用笔记录，找到了努力的方向。

　　陶行知说："我们做教师的人，必须天天学习，天天进行再教育，才能有教学之乐而无教学之苦。"教师的成长需要一个支点，这个支点可以是写作、研究等，苏洁红找到了他的支点——思考总结。近年来，他在学校的学工在线、高校辅导员联盟等微信公众号上发了不少文章，取得了一定的成绩，我也看到了他的成长。他已经从一只"菜鸟"，成长为学院里的"多面手"。

　　《向师而行》里的种种，或许有人已经经历，或许有人正在经历，或许有人即将经历。书中，有迷茫，有犹豫，有思考，这不正是青年人的真实写照吗？里面的情绪不全是正面的，但正因如此，我更看到了他内心的善良，对工作的执着认真，对学生的关心关注。"师者，传道授业解惑也。"我已经看到他走在一名合格"师者"的路上。

　　教育从来不是一个人的事情，成长更不是。我希望更多的人能从书中吸取经验，在工作中"且走且望""且走且思""且走且行"，在岗位上找到个人成长的路径，也希望更多的辅导员在本书中找到归属感和认同感。

阮爱民

2022 年仲春于巢湖学院

目录

且走且望

春天的挣扎 / 003

那些人　那点事 / 005

在黑夜中前行 / 009

浮躁的社会，灵魂如何安放？/ 011

秋 / 013

夏天　冬天 / 015

炎热的记忆 / 017

青春——在路上 / 019

冬日随想 / 020

岁月静好 / 022

两件小事 / 024

一天 / 026

文字的魅力 / 028

人面桃花 / 030

如何还乡 / 032

回不去的家乡 / 035

放慢脚步 / 037

到底伤害了谁？ / 039

青春如歌 / 042

我的阅读经历 / 044

热闹的另一面是宁静 / 047

六月心情 / 049

工作随想 / 051

高考中的青春 / 053

雨 / 056

"今天"的几件事 / 058

匆匆十年 / 060

上课随感（一）/ 061

秋日畅想 / 063

冷若冰霜 / 065

且走且思

NBA 的二三事 / 069

活在当下 / 073

两位刘老师 / 076

毕竟是书生 —— 朱宏文老师印象 / 080

孤独的行者 —— 微信的故事 / 083

永远走在回家的路上 / 085

但问耕耘　莫问收获 / 087

教育需要重视过程 / 090

语文是生命的学科 / 092

把假期还给孩子 / 094

我们能放下手机多久？ / 096

开学季的回想 / 099

大学路上　和你们一起成长 / 102

和自己做朋友 / 104

生活是一道半命题作文 / 106

难以言表 / 108

最美的年华 / 110

两副面孔 / 112

进步之殇 / 114

遗憾也是一种美 / 116

四位退休教师 / 118

毕业寄语 / 122

我们不说再见 / 125

又是一年高考时 / 128

叶老尚且如此，我辈岂敢松懈 / 131

手机病，得治 / 138

从学生的身体素质说起 / 140

上课随感（二）/ 143

抽烟那点事 / 145

学生请假那点事 / 148

且走且行

同学，你应该多穿点 / 153

不被理解的"无手机课堂" / 155

给寒假中的你们 / 159

给新学期的你们 / 162

大学到底应该准备什么 / 164

做彼此生命中的贵人 / 167

年轻人，不要着急 / 169

什么专业才是好专业？ / 171

校园里的那些爱情 / 173

同学，你应该节制一下游戏 / 175

逃离舒适区，遇见更好的自己 / 177

背上行囊再出发 / 179

那一年的汤山脚下，滋兰池边 / 181

愿你们的征途是星辰大海 / 183

给 2020 届毕业生 / 186

你对待时间的态度，直接决定了你的未来 / 188

不忘来时的路，方能走向远方 / 190

拒绝"佛系" 做时代新人 / 192

你的未来在你自己手上 / 194

"考研热"的冷思考 / 196

远离校园贷 青春不负债 / 198

做一名不再瞎忙的辅导员 / 201

选择比努力更重要 / 205

人生需要方向盘 / 207

后记 / 209

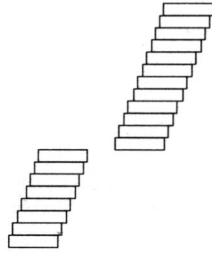

且
走
且
望

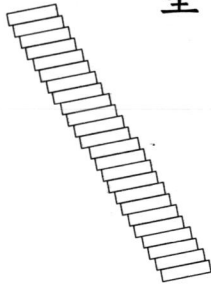

春天的挣扎

　　潮湿的空气中充斥着衣物发霉的味道，这味道不仅刺鼻，而且让人厌恶。我试图屏住呼吸，抑或把自己的呼吸变得急促，不吸入有发霉味道的空气，最后发现这是无济于事。潮湿发霉的味道像橡皮糖一样始终粘住我的鼻孔，我无奈又无法逃脱。

　　这就是南方三月的天气：寒冷和温暖并存，潮湿与干燥同在。温润的空气从南方吹来，抢占了冬季寒冷空气的地盘，它携带着大量水汽侵袭着任何一个能够到达的角落，结成墙壁上、地板上的一颗颗水滴，在干燥的岁月上漫延，像老人脸上的皮肤纹路，深刻又皱巴巴。玻璃上用来遮光的报纸吸饱了水分，松软而沉重，沉淀着繁华的岁月和青春的激情，泛着老照片一般沧桑的黄和时间里淡淡的忧伤。

　　那是几年前贴上的报纸，报纸上的主人公静静地诉说着她的故事，可惜我不是一个好的倾听者，从未认真听她讲完。只记得那是一个醒目的标题和一张优雅的艺术相片。主人公在相片中摆出优雅的姿势，在墙壁上，静静地看着这里的一切。现在是一年一度的回南天，潮湿而温暖，令人兴奋，又令人不安。她似乎早就熟悉了这里的一切，依然保持着静谧的神情，默默地看着。可惜她不知道，用不了多久，这个标题和那张相片又会被其他某个名人的故事和美丽的相片无情取代。

这些故事，仅存于此，仅存于某个时间点，它们默默地诉说着某个时间里、某个人和某个地方的某段故事。

玻璃上的水珠，开始慢慢凝聚，水珠间短暂的相遇，形成了水流，终于，像冲破了大堤，直流而下。清晰的"河道"顿时呈现，水珠们很疲惫，努力地寻找着未知的下游。混杂的思绪就如这盲目的"河水"，泛滥成灾，淹没了现实和我。"河道"的那头，是温暖的空气和看不清的未来。

每一段故事，总有开头，也必然会有结尾。我的青春就如玻璃上水珠汇聚的水流，干脆而匆忙。我或快或慢地书写着这个故事，最后却只记得梗概。我珍惜着故事里的每一个细节和人物，吝啬地使用着青春才有的信纸，也努力地用华丽的文字使这个故事变得精彩，到最后才发现文字语言只会让这段故事愈加苍白无力。我无奈地停下自己手上的笔，因为已经到了青春的码头，敌不过奔流不息的岁月，要开启另一段旅途。过去的岁月就如同电影的画面支离破碎，无法用文字拼接，也无法倒退。我的眼泪，混杂在这潮湿的空气中。

那些人　那点事

那些人的那一点事，像一瓶藏了多年的酒，既醇，又香。

一

青春只剩下最后的几根发梢，在手中渐渐被风吹散，而我依旧在风中徘徊，依旧对周围的世界充满着懵懂的期待。我离青春越来越远，但我不是遁出尘世的高僧，对世间的很多事依旧无法参透，还得庸俗、无知、坚强地活着。

2012年，每个人都在朝着自己的目标奔走。"平房39"寝室里的辉煌成绩好像无法得到复制，四年的传奇在这一年里终于画上了句号。我们的故事散落在校园的每个角落，在校园里游荡，在校园滋生、疯长，最终又化为一堆尘土，随风飘散。我们来过，但又找不到存在的印记。新的面孔不断出现，又不断消失。一切都像滴下的水珠，落入了大海就再也找不回来。我们用四年的时间，创造了青春的奇迹，也沦为时间里的故事。那低矮的平房、门口的白杨和自习室里的桌椅……这一切，随着毕业季的风，把所有关于青春的记忆轻而易举地带走，带不走的只有催促着我们奔走的时间和白杨树干里一圈圈增长的年轮。

我迈着沉重的步伐，在陌生的大街上漫无目的地游走，去寻找未知的未来。虽是冬季，但道路两边依然人头攒动、摩肩接踵，我瞬间淹没在人潮之中。时间带来了热闹，又把热闹带走，最后只剩下我在寒风中凌乱的头发和不知所措的步伐。

玛雅人在几千年前作出了"2012年是世界末日"的预言，那年，末日的气息笼罩着我的心。平安度过2012年后，劫后余生的庆幸在我心中油然而生。我感谢上苍，感谢那些陪伴过我的人们，更感谢我们在时间里的相遇。

二

走入未来，我像踏入了没有灯光的漆黑的夜晚。我感到恐惧，充满着不安。我害怕独处，更害怕黑夜。独处让我找不到依靠，而黑夜更让我绝望。为了在这尘世间寻得一片安宁和踏实，我寻找着……

未来，我从来就不知道它在哪里，更不知道它从哪里出现。我向来都是一个后知后觉者，在周围的人都已明白的时候，我才恍然大悟，并依然享受着后知后觉的愉悦和快乐。

人们都说，人生充满着十字路口，到处都是选择。"平房39"的侠客们都按照自己的想法去闯荡江湖、匡扶正义，相约重聚在收获的季节。我急切地盼望着、期待着那一天的到来。可以说我还未离开，却已想到了归来。

一夜之间，一切都发生了改变。热闹的乐园只剩下蜘蛛在那里盘结着浓密的网，地上的垃圾堆积如山，却再没人愿意去打扫；水瓶上堆积了一层厚厚的灰尘，也没人愿意去擦拭；水龙头里的水依然滴答滴答地流着，谁也没心情去关。大家都知道，即使把水龙头关了，也止不住时间的流淌……

宿舍空荡荡的。我积蓄了四年的美丽，想在这一刻绽放，但还未来得及盛开却已经凋谢。我留不住美丽，更留不住匆匆的岁月，最后只留下孤单的身影。这身影在昏黄的灯光下被拉得又细又长，在黑夜中颤动，伴随我走向更深的黑夜。

终究是要离开的，谁也留不住。我强忍着似泉涌般的泪水，扭过头，倔强地离开，不带走一片云彩。四年的记忆像白纸上爬着的密密麻麻的蚂蚁，让人理不清头绪，又异常活跃。我只能把记忆打包，装进行囊；带不走的就播在曾经生活过的地方，让它生根发芽，自生自灭。反正我是孤单地来，又孤单地走。

三

不管走到哪，家都是一个永远的牵挂，是永远宁静的避风港。人世间到处穿梭的人，像浮萍一样任流水摆弄。时间的风，把我吹向不同的城市，在一个个未知的空间中流浪。我成了一只候鸟，靠着时间，默算着归期，算着归去的路线。

我在温暖的南方重新筑起了巢穴，认识了新的伙伴，一起嬉戏、玩耍，一起翱翔、觅食。文艺三青年在南国温暖的小城聚首。我们来到新的水泥森林里筑起自己的小窝，一起做着邻居，数着自己的过往，聊着未来。可未来还是那样遥远。

未来在哪里？我总在想这个宏伟而又无法回答的问题。今天，是昨天的未来，明天又是今天的未来，明天又会变成今天、明天，最后我又陷入了自我的深渊，等待他人来救赎。

文艺三青年的生活，是用酒水祭奠的最后的青春，是用知识填满的光辉的岁月，是激情满溢后麻木的神经和躁动的空气。笑声、哭声和叹息声仍在耳边回荡，一个个悲伤或离奇的故事曾在校园里的某个角落里继续上演，他们脸庞稚嫩，面孔青涩……

那些故事美好又无奈，始终抵不过流年。

一成不变的日子，即将成为昨日里的记忆，对未来的恐惧依然占满年轻的心脏。时间的车轮从不停歇。

注定就是要离开的，什么都留不住；注定就是孤单地来，又孤单地走。聚就意味着散，散是为了下一次聚。那些人，那一点青春，什么也留不住，什么也带不走。现在，我还在；未来，我来了。

在黑夜中前行

一个震颤把我从睡梦中拉回漆黑的现实，我用惊恐未定的双眼搜寻着世界。一束从窗户的间隙中溜进来的光，昏黄，却刺眼，让我的双眼感到一丝疼痛。我揉了揉，才想起刚刚的一切是一个梦，尽管梦境中的一切是那样真实。

窗外，汽车快速行驶的呼啸声和路边的灯光一起闯了进来，刺激着我麻木而迟钝的神经。哦，原来我还活着！我一阵庆幸，幸好梦境里发生的一切不是真的。梦中的内容开始变得模糊，我在床上翻了个身，伸了个懒腰。

昏黄的灯光和呼啸声撕碎完整的夜，让我完全清醒，我开始回忆刚刚的梦，努力地拼凑着它。尽管我努力地拼凑，却是白费力气。

多少个夜晚，我从梦中醒来，用漆黑的眼睛去搜寻黑暗中的光明，用迟钝的思维去拼接完整的夜梦。人们常说梦境是"反话"或"现实"，我用这些"理论"试图解释这个依稀的梦，甚至用弗洛伊德的理论来解释……思维实在是一件有趣的事情，它让一件事情变得精彩——在我看来，"梦"是因空间重叠和时间交错而形成的现实幻境。

想到这里，顿时觉得自己很可笑，由一个梦就联想到这么多乱七八糟的事情。实际上，并不是所有的东西都需要去探一个究竟，就像我们面对向死而生的人生一样。每个人都是赤裸裸地来，又赤裸裸地走。生，就无须考虑如何死去，终点自然就是死亡，你只要负责过好自己的时光即可。而且，有的事情深究后自己又无力改变，只会徒增烦恼。与其如此，还不如装作不知道，装作糊涂，所以古人说"难得糊涂"。聪明的人很多，但是学会"糊涂"却很难；明白的人太多，但装作"不明白"的却很少。因此，世间的人烦恼的多，快乐的少。

寂静、黑暗充斥着时间和空间的一切。没有什么能够填补夜的寂静和黑暗，除非我们可以达到光速。当然，这是基于爱因斯坦理论的一个幻想，毕竟我们永远只是时间里的一瞬。

这时，我脑海里想起了某人，顿时充满了感激。每个人都是孤单的，只因某人，我在这样的夜深之时有了精神依靠。当然，我还要谢谢爱我、关心我和支持我的人，因为你们，让我在这样的夜晚找到自己。

呼噜声，梦呓声，汽车的呼啸声……

忘掉那个破碎的梦，继续睡吧，在黑夜中继续前行！

浮躁的社会，灵魂如何安放？

看到这件事不合理，你就大发牢骚，甚至破口大骂。

看到了那个地方不好，你就不假思索，直接指出来。

这就是当下很多人的现状：为了芝麻大点的事争论不休，有时直接成为一个"愤青"，看不惯这个，看不惯那个；这也不中意，那样也不行。总之，到处抱怨，身上充斥着负能量。

有时，总觉得周围的环境可以改变。可是，后来你会发现自己不仅不能够改变现实，反而吃一鼻子灰，啥也没改变。于是，干脆放弃了抵抗和挣扎，变得懒惰，变得圆滑，变得世故。你成了一个"百变大王"，仿佛在什么场合都能游刃有余。

浮躁的社会，很多人都急功近利，"一切向钱看""只要能够达到目标，不管采取什么手段"。每个人都像一个鞭炮，只要一丁点儿火星马上就会爆炸……

异常浮躁！每个人对世界都只有表面的认识，难以停下来思考。精致的利己主义"大行其道"，堂而皇之地窃取别人的劳动成果。

一个人的时候，你根本无所适从，翻开手机浏览着像零碎纸片一样的信息，自我满足。你害怕一个人，害怕孤独。所以，你让自己变得忙碌，用肢体的劳累为思想的空虚找到借口。

你变成了一个空壳，而不像是一个活物！

你毫无思考，更没有思想，每天用忙碌当作自己的托辞。你不敢面对和正视自己的问题和缺点。

浮躁的社会，灵魂如何安放？

秋

枝头的累累硕果，树下的层层落叶，大地上的满目金黄，道场上的草堆……这是美好的秋天。

我对中学时候的秋天印象最深。因为那时的秋天，不仅意味着收获，而且还意味着假期。记忆中的秋天总是正好遇到国庆，国庆总是赶上秋收。之前我总也不明白怎么会有这样的巧合，为什么每年都如此？近十年的时间过去，我才终于明白！为了供我们读书，家里种了几十亩水稻，还种了近十亩地的棉花，从农历三月就开始耕种，犁地、平地、播种、施肥、喷农药（一亩田一般要打十次，几十亩田一个周期下来要一个星期才能完成）、插秧（移栽）、放水、收割（棉花是采摘）、脱粒、入仓……一直要忙到农历十一月。农业的劳动时间长，不能有任何间断，任何一次放假肯定都会赶上，而那时的我还天真地以为，只要放假，我就可以像其他同学一样，享受轻松的假期，还可以在家完成老师布置的作业。事实上，我的假期都用在帮家里割稻子、收稻子、煮饭、放牛……

那时对放假，我总是带着一种复杂的心情，既充满着渴望，又有一丝抗拒。经过一周的学习，内心或多或少都有一点疲惫，我渴望用假期来缓解。但是，每次放假，我都在帮家里干农活（割稻、收稻、捡棉花……）、做家务（煮饭、洗衣、放牛），根本没空完成老师布置的作业。所以，那时每次周日下午返校，我都早早回到学校。在学校，也有同学早来，不过他们是因为在家没事干才提前回到学校。大家交流周末的趣事和作业的完成情况时，我发现，他们的作业基本完成了，只剩下一些不会的难题。每到这时，我会低下头。因为每次带回家的作业，我一个字都没有写，早早返校只有一个目的，就是完成作业。

每次返校，我都是吃过午饭再走。吃饭的时候，母亲总是反复叮嘱不要落下东西。听到这些话，我的内心总有说不出的滋味。看着父母辛劳的身影，我希望在家多待一点时间，多帮他们干点家务。但是他们的辛劳又是为我读书，为我提供更好的条件……矛盾而复杂的心情总是萦绕在我心头。我收拾好衣物，踏上返校的路，有几次回过头，看着父母依然忙碌的背影，泪如雨下。

上了大学，回家的时间变少了，但国庆回到家，帮家里秋收的习惯却依然没有改变。后来读研了，基本上就没有在秋天回过家，农活很少干了，秋收参与得也少了。金黄的田野、饱满的稻穗、洁白的棉花，还有我可爱的家乡，我离它们越来越远了……

又是一个秋天，我已经参加工作好几年了。

行走在城市的街头，路边两行整齐的树依然郁郁葱葱，散发出勃勃的生机，充满着活力，和夏季时并无二致。时间很少能在城市的树上留下痕迹，甚至也很难在城市中被寻觅，如果不是日历上数字的提醒，我丝毫感觉不到时间的脚步……

"自古逢秋悲寂寥，我言秋日胜春朝。"有人会悲秋，有人会觉得秋景比春日还要美丽。但看这一成不变的城市的秋天，我已不知道是什么滋味了……

夏天　冬天

进入7月，阳光像火球一样释放出热量，炙烤着皮肤，让体内的汗水渗出。没有人能够受得了高温，所以人们到处躲藏，或藏在空调屋内，或去高山避暑，或吃西瓜消暑……总之，八仙过海，各显神通，只要达到了降温的效果，任何一种方式都值得赞扬，采用何种形式并不重要。

说实话，相较于冬天，我其实是喜欢夏天的。

首先是因为夏天天亮得早，黑得晚，白天的时间很长。冬季里，我会对黑夜有一种莫名的恐惧，说不清这种恐惧来自哪里，但它确实存在。特别是隆冬时节，下午5点钟左右天就黑了下来，太阳早上六七点钟还没出来。漫长的黑夜，没有太阳的光芒，对我而言是一种煎熬。即便有灯光，但照射的地方总是有限。因为工作，我一般早上6点钟就要起床。冬天的6点钟，除了零星的灯光，外面漆黑一片，还有着寒冷的空气，起床变得很艰难。掀开被子前，我总是要做一段冗长的思想斗争。而夏天因为白昼时间长，温度高，根本不存在起床这一难题，不会让我对黑夜感到恐惧，因为黑夜足够短，正好用来补充睡眠。

其次，夏季温度高，让人冒汗。出汗了就得洗澡，所以，洗澡成了家常便饭，基本上我每天都会洗，有的人还不止洗一次。特别是出了一场大汗之后，脱去湿透的衣物，用水从头到脚冲去汗液，顿时浑身轻松，心情也倍感舒畅。而冬天温度很低，洗澡变成一件不固定的事，有时隔上两天，有时隔上三天。每次洗澡总要脱去厚厚的外衣，令人厌烦。由于冬季温度低，洗澡对水温的要求很高，太低了会感觉到寒冷，容易感冒；太高了会感觉烫，洗的也不会舒服。但夏天就没有这些要求，身体素质好的话水温低一点也行，冲个凉；水温偏高也可以，洗完被风一吹，身上顿时一阵清凉。

当然，我喜欢夏天，肯定有人会喜欢冬天。喜欢的理由也一定各有不同，如因为喜欢雪而喜欢冬天，因为期待冰雕而喜欢冬天，因为滑雪而喜欢冬天……

在冬天和夏天中，不管选择喜欢冬天还是夏天，人所做出的选择大多是从自身考虑的，人的选择总是利己的，这就是趋利避害。

其实，很多事情都是这样的。

炎热的记忆

37 度以上的高温天气已经持续好多天了。我在学校宿舍里，热得什么事都不想干，幸好有台空调，不然我早已中暑晕倒在地了。也正是因为高温，我的思绪在空气中不断"蒸发""扩散"。

大学的时候，我住在平房里。平房是单层，长长的一排有几十间宿舍，都是八人间。因为我所在的寝室是最后一个，只住了七个人。这七个人来自两个学院：文学院和数学科学学院；四个专业：数学及应用数学专业、汉语言文学专业、汉语言专业和人文教育专业。不同的专业、不同的学院让我们平时的生活有了很多话题，也让我们的视野得到了拓展。缺少利益的纠葛，我们七个人相处得极为融洽。

一到夏天，平房里像有个火炉，因为它四周都在接受太阳的炙烤，温度到晚上也不会降低，热到让人不能入睡。大家都想尽各种办法来降温：光着膀子，买小电扇，打地铺……光膀子是最常见的方法，有经济实力买电扇的是少数，大多数同学的办法是直接把凉席铺在地上睡。

我对一次降温的经历印象最深。宿舍里太热，根本没法待，晚上十点多的时候我们仍汗如雨下，无法入睡。一位室友提议去网吧里睡，顿时得到了宿舍里所有人的响应，于是我们几个人一起去了网吧，没想到网吧到处都是人。我们的脚步太慢，有人早早地来了，开了电脑，打游戏、纳凉两不误。我们来得晚，没有空余的机器，就找了空椅子坐下，然后享受着冷空气，开始酝酿睡意。

网吧里有空调，温度确实比我们的宿舍要低，这一点比宿舍要强得多。但是我们没想到网吧人满为患，除了包夜上网的，还有像我们这样来蹭空调的。大部分人在组队打着游戏，不时发出叫喊声，斥责"猪队友"；有的人在用聊天工具跟异性朋友进行语音或视频聊天，秀着甜蜜；有的人在抽烟，排解着内心的寂寞；有的人在吃泡面，吃过的泡面放在桌子上，散发出浓烈的气味；有的人把鞋脱了，脚抬得很高……总之，网吧里"五味俱全"，充斥着各种各样的味道。

我实在太困，只想睡觉，也顾不了那么多，就继续坐在椅子上酝酿睡意。几次刚刚进入梦乡，因为在座椅上的姿势不舒服，头或腿就产生一个震颤，让我一骨碌从梦中醒过来。这样反复了几次，我觉得这样睡也不是办法，就去找室友们，看看他们在干什么。

找到他们之后，我问有没有睡着，他们说也没睡着。那时已是凌晨，我们几个就在椅子上干坐着。有人说此时夜已深，寝室的温度应该下降不少，还不如回去。大家都同意。

大家都想早点回到宿舍，便有人提议从围墙上翻进去，这个提议得到了大家的认可，于是大家依次翻越围墙。我们都翻了进来，室友"二氧化锰"（全名邢昌阳，后来搬到其他宿舍去了）最后一个翻，他好不容易翻了进来，结果拖鞋掉在了外面……本来我们都是晕乎乎的，看到这一幕，哈哈大笑，然后他又翻了出去，又翻了进来，折腾了几次。这一段的记忆在我脑海中尤为深刻。

印象中，那晚回来睡得也不是很好……

总之，炎热而痛苦的经历现在回忆起来却依然美好。这些都是青春的脚印，它们证明：我的青春，也曾经火热过……

青春——在路上

沉寂的内心
总要泛出一点浪花
总要激起一点波纹
这样 才对得起生命的律动
这样 才称得上是活着的生命

平静 总是相对的
运动 才是永恒的
生命 就应该一直在路上

畏葸不前的 那是懦夫
勇往直前的 才是强者
迈出自己的步伐
寻找一片天地

青春 一直在路上
背起行囊 说走就走

冬日随想

雨水裹挟着寒冷的风淅淅沥沥地下着，侵袭着每个温暖的空间，刺激着身体里的每条神经，让身体不自觉地蜷缩到一起。空旷的家中，一个人对着屏幕，敲击着键盘。寒意慢慢从四周包围，从脚下向上涌，令双手麻木，让简单的动作变得迟缓。不时把双手合到一起反复揉搓，让血液循环，或者把手放在嘴边哈气，用这脆弱的温度温暖着手上的触觉。

入冬了，天气渐渐冷了，人人都用厚厚的棉袄把自己包裹起来，抵御着寒冷的空气。对寒冷，人们都想逃避，但是不能一天到晚都待在温暖的室内，总要离开。特别是这寒意浓浓的早晨，起床更是一件困难而煎熬的事情。每天，我要经过一番思想斗争。醒来，我先把手伸出被窝，感知一下被窝外的温度，然后一个震颤，迅速把手缩回来，把身体蜷成一团，露出脑袋，盯着时钟，放着音乐，等候着定好的起床铃声响起。起床铃一响，就立即掀开被子，三分钟内迅速穿好衣服，企图留住从被窝里带出来的热气，洗漱后，开始全新的一天。

这是现在我的状态，在冬日里的状态。

回想刚刚参加工作时，我在高中担任班主任，每天早上六点左右起床，匆匆洗漱完毕，从五楼下去直奔食堂，买两个包子带着，快步走到教学楼下打卡，再把两步并成一步走，一步跨两个台阶，在六点四十之前到达办公室。还未歇口气，把包子放下，先得去教室里转一转，看看哪些同学到了教室。回到办公室，用两分钟的时间吃完包子，又去教室，监督值日生打扫教室和责任区，组织学生早读，布置早读任务，顺便看看有没有未到或迟到的学生。如果是刚刚考试结束，还要分批找学生谈话。

这些事情，我要一口气完成，中间没有半点停歇！

这是两年来我从六点到七点半之间要完成的事情。琐碎的工作环环相扣，所以不能起晚，起晚了直接成为教学事故，后果严重。休息成为一种奢望。

这两年的紧张、压力、充实和疲惫，现在想来依然清晰可感。那时甚至偶尔会因紧张和繁忙惊起一身冷汗，也不知道这些没有休息的日子自己是怎么过来的。

现在，每天早上不需要在七点之前就到办公室，不需要担心没有时间吃早餐而迈着急匆匆的步子，不需要承受分数带来的压力，更不需要把两个台阶当成一步走……

外面的雨还在下着，寒风透过每个缝隙，班级群在不断地跳着消息，新生们热烈地讨论着元旦晚会的节目……

那些许久未见的人，你们还好吗？

岁月静好

12月底的时候，我的师兄刘成明出差顺便来看我，我们聊了研究生时期的生活，谈了各自的现状，又说了未来生活的计划。师兄的造访，勾起了我对研究生生活的回忆。那些已经支离破碎的记忆在我脑海中迅速组合、重现，令我对研究生时期的老师、同学和朋友多了几分怀念。

2017年1月9日，刘老师发邮件说她11号到我这里。收到这个消息后，我既激动又紧张，连忙对老师的行程做了一个简单的安排，计划着带老师去哪里逛逛、吃什么美食……

一切好像都在我的计划之中。周三晚上8点，我在外面吃饭，突然老师打来电话。那头一阵笑声，说："我到你的地盘了。"我以为听错了，于是就又问了一遍，那头还是爽朗地说："我到你的地盘啦！"

老师已经到了，这是真真切切的事实。她的出其不意打乱了我全部的计划，我匆匆忙忙把手头的事情处理好，立即赶往老师住的地方。

不按常理出牌，直率，感性，这就是我的老师。其实，我早该想到的。

见到老师后，我们客套话没多说，她直接让我约朱宏文老师。打电话给朱老师，朱老师在教室，正好在翻阅刘老师的散文集——《走笔集》，朱老师也没有犹豫，立刻答应了第二天见面的邀约。

问老师第二天的安排，老师说："你不要管我，我自己安排就好啦"。

老师在的这三天，我就陪同了一天的时间，就安排老师吃了一顿饭，其余的都是老师自己解决。老师的行为令我这个东道主十分自责又愧疚，但老师决定的事情，我又无力去改变，只好作罢。

第二天晚上，朱老师如约到来，两位恩师谈天说地，聊生活，谈思想……他们读相同的书，理解相同的人，更思考着类似的问题，他们一见如故！

空间给人以距离，生活在不同空间里的人却思考着同样的问题，有着相同的阅读经历，有着相同的感受。

时间是一个很奇妙的东西，它能改变岁月的模样，却又让某些东西变得愈加珍贵。任岁月变迁，那些人还是原来的样子，真好。

愿岁月一直静好！

两件小事

第一件事：我四五个月大的时候，睡在摇床里，我的奶奶那时已经患病，但是她还要到摇床边来摇幼小的我，我的母亲不让她摇。（当时，小孩一哭，大人就把摇床使劲摇，觉得能让小孩哭声渐止。现在科学研究表明，这是很危险的，容易给大脑造成损伤。）

一回到家，大人就经常把我小时候的事情拿出来说，说我小时候没人带，很苦，受了一些罪。由于是说自己，我只能认真地倾听，从不辩驳。我当然知道他们说这些事情的时候不带任何恶意，但由于这件事我的姑姑和母亲多次向我说起，我对这些事情印象特别深。

我母亲的版本是：我奶奶患病，身体虚弱（奶奶在我八个月大的时候因病去世），卧病在床，听到我在摇床里哭，非要起来摇。我母亲告诉奶奶，让他（指笔者我）在摇床里哭，哭就哭一会儿，你好好休息。

我姑姑的版本是：我在摇床里哭，奶奶要到摇床边来安抚我，我母亲看到奶奶已经患病，怕传染给我，就不让奶奶过来摇摇床。

第二件事：去年年底，我家门口池塘清淤，塘坝重修，增宽了坝体而且用水泥建了放水涵洞。

我家的版本：池塘挖得特别好，淤泥已经全部挖走，储水量增多，塘坝重修后不漏水了。

邻居家的版本：这是挖的什么池塘啊，塘坝还占用了田，上面的路不如之前的小路，池塘后面的土下雨之后肯定又会被冲下来。

　　这两件事是真实的，我在这里原封不动地转述，没有带个人主观色彩。

　　通过这两件事，我深刻体会到，所有的价值和意义其实都是人为建构出来的，而且都是个人的。价值和意义是一种判断，每个人的想法都是不同的，都是自我的。因此，他人的经验有时候很不可靠，像小马过河，像"罗生门"，每个人都在以自己的立场阐述事情。

一天

今天开了一天的会。

下午下班，天气晴好，顺便从江克老师那里拿了篮球，准备去操场上活动活动。由于身穿棉服和休闲裤，不方便运动，打算回家换衣服。太久没打球，运动服也不知道放在哪里，我就在衣柜里四处翻、到处找，结果看到的都不是我的衣服。这时，一个疑问顿时出现在我的脑海 —— 怎么都是她的衣服？

沉静片刻，我才意识到，原来我已经结婚了，和她。她是我的妻，衣柜里理所当然有她的衣服。

可是，我感觉一个人生活了好久。她何时来过？又何时离开？在单调而重复的时间里，我无法给出确定的答案。

工作日的状态、节奏，每天都差不多。早上起床，洗漱，到厨房里吃昨晚预备好的粥和杂粮。吃完，直接奔向办公室，处理工作，在食堂里吃午饭。吃完午饭，回家午休，下午两点返回办公室。五点，回家。路过菜市场，顺便买点晚上吃的菜。回到家，立即用电饭煲煮饭，然后炒个菜，就这样解决晚饭。晚饭后，坐到电脑前写点琐碎的文字，期望有读者来给予我反馈。没读者也没关系，就写给自己，不管它好或不好。完成写作后，出门把生活垃圾扔掉，顺便遛一圈，回来洗洗睡。

时间就在这些琐事中悄悄溜走，找不到痕迹。

来到操场，一个人三步上篮、奔跑……汗水浸湿了衣服。回头望去，马路上，车如流水，发动机发出轰鸣的声音，呼啸而过，平静的空气不断产生波动。行人开始多起来，他们步履匆匆，准备回家……

这是一天的生活，这是美好的一天。

文字的魅力

　　一到周末，我就不想坐在电脑前敲键盘，更新我的公众号，只想多陪陪家人。但是，我的阅读和思考并没有停止。

　　这几日我抽空随便翻了几本书，其中一本是杨绛先生的《走到人生边上》，她的另外一本《我们仨》，去年我已经阅读。书中他们一家的日常生活和平凡琐事，都令我百般感动。这本《走到人生边上》，内容和《我们仨》有很大差异，但她朴实的语言风格依旧未变，难懂的"灵与肉""性恶论""人的本性"等大道理被她一说，立即具体而生动，不让人觉得艰深晦涩。

　　她说她1938年读大学时候的生活，她说她父亲对灶神的态度，她说她家曾经收留过的阿福和阿灵……这些她曾经的日常岁月，就在纸上，我的脑海里也随着阅读呈现出一幅幅生动的画面。

　　她经历的"现在"，已成为我眼中的"过去"；我所生活的"现在"，或许就是她曾经想象的"未来"吧。时间从来不会停歇，它让"现在"变成"过去"，让"未来"变成"现在"，又变成"过去"……

　　这或许就是文字的魅力吧，它让无数个像我一般的读者从过去的文字中感受着别人"现在"的生活、情感和经历，体会着过去的思考方式、习惯。文字也让现在定格，让未来的人感受着"现在"的生活、思想。

茨威格说:"没有一个艺术家平日一天二十四小时始终是艺术家的,艺术家创造的重要的一切、恒久的一切,总是只在罕有的充满灵感的时刻完成的。"文字,记录着这些平凡的时刻,让这些平凡的时间充满着生机。在时间里,平淡无奇、无足轻重之事多如牛毛,一个个朴实的文字默默地记录着,让我们的经历在时间里延续,在时间里散发着光芒⋯⋯

人面桃花

　　太阳直射赤道，北半球的气温逐渐上升，春风也随之而来。春风叫醒了沉睡中的万物，大地开始复苏，柳枝吐着鹅黄的新芽，花儿在枝头绽放，生命在土地里孕育，鸟儿在枝头啁啾……放眼望去，到处都是勃勃生机。它们沉睡了一个冬天，许久没有活动，在土地里或在枝头上伸伸胳膊、揉揉腿，进行各种热身运动，用好奇的眼神打量着这个世界，跃跃欲试。

　　大地一片生机，人们心情自然也舒畅，大家走出家门，和大自然来场亲密的约会。

　　漫步在汤山脚下，在滋兰池边徜徉，找寻着春天的脚步。此处正好有片桃林，大老远，就看到桃花的身影。粉红的脸庞，挂在枝头，它们唱着、笑着、跳着，在春风中起舞，令人心旷神怡。不时地，花瓣从枝头纷纷下落，像一场缤纷的花雨。伸出双手，就有满满的一捧，落到地面，就是一床温暖而鲜艳的床单。慢慢地，走近了，只见它们的脸庞白里透着红，一个个立在枝头，在微笑，在示意，一只只勤劳的蜜蜂在它们周围徘徊，飞舞，舍不得离去。树上还有含着苞的，像害羞的女孩，披着长发，娇羞地低着头，不经意间，又左右顾盼，眼波流转，静静地想着自己的心事。

一场春雨，让回暖的天气骤然又冷了下来。冰冷的雨水落在桃花身上，花蕊被小心地捧着，光束穿过，像五彩珍珠，晶莹剔透，散发着斑斓的色彩。有的比较柔弱，在春风中瑟瑟发抖，更有甚者，因敌不过突然的冷雨，纷纷落下。

　　汤山脚下，滋兰池边，我追寻着春的脚步。柳树的枝头，一个个翠绿的脑袋从枝头冒出，连成一串翡翠，一串接着一串，从空中垂下，在风中起舞，勾勒出对春天无限的向往和期盼。

　　三月桃花，人间最美，在春天里绽放，在春日里飞舞。它面露微笑，看着潺潺的流水，听着低沉的蛙鸣，望着腾空的飞鸟。三月，注定是美好的，又注定是留不住的。天气乍暖还寒，春已深，桃花形单影只，在枝头苦苦支撑，只听见夜风缓缓地吹……

如何还乡

正月没有回家，我心中很是遗憾。清明节正好有三天的假期，就带着急切的心情踏上回家的路。

"清明时节雨纷纷"说得太应景，回家的那天，下起大雨。路上，车轮飞快地转着，像我急切归家的心情，它们卷起地面的雨水，喷成一团水雾，远远望去，像一条银色的长龙，一路飞舞，一路狂奔。

从初中住校起，我在家的时间越来越短。初中时期在家的日子是每个双休加上寒暑假，高中时是"月假"和寒暑假，大学时是寒暑假，研究生时是寒假，工作后只有春节……细数自己的成长轨迹，总觉得亏欠家乡太多的时间。它抚育了我，把我送到了更广阔的天地，而长大的我，与它聚少离多。

对生我养我的家，我内心总有一种难以言说、一旦触碰就眼含泪花的复杂情感。对家的留恋，也许不只是我，也是每个人今生都逃不出的藩篱。

清明回家，村干部召开村民会议，说有个老板想承包我家对面的山，在那里建养猪场，一亩两百元，时间是三十年。

这个筹建的养猪场，在我们那里已经不是第一家了。第一家是个人建的，有几百头的规模。每次从那里经过，猪圈里发出浓重而又刺鼻的味道，夹杂着猪粪的气味，臭气熏天，捂住鼻子也无济于事。夏天的高温有时候会让猪死去，他们就把直接把死猪扔进池塘。死猪的肚子膨胀后，发出恶心的腐臭味，直到胀破才能沉入水底。

第二家是一家更大的养猪场，在我们新河的上游。签订合同的时候说没有污染，但养猪场用水冲洗猪圈，把猪粪直接排入河流，我们下游深受其害。清澈见底的河水变成绿黑色，发出猪粪发酵后的味道，不时从水底涌出气泡，河里的鱼全部死去。小时候经常去钓鱼、抓龙虾的河流，现在，再也不敢靠近。

竟然还要建第三家！而且离得这么近。

生我养我的家乡，你已是伤痕累累，我不想你再受到伤害，不想你干净整洁的身躯受到污染。因为没有你健康的体魄，我们如何还乡？

当微风送花草清香　正是我想你的季节

远方的家　是否无恙

江水日夜流淌　当风筝已漫天飞旋

曾是你望眼欲穿

往日时光　匆匆流水

带你奔向何方

我心中的世界　竟是如此遥远

不知不觉中　已离家千万里

此刻灯火辉煌　多想与你分享

却再也不能回到你身边

脚下虽有万水千山　却远不过对你的思念

看过多少　月落日出

没有相同的一天

每当雪花绽放　心也跟随飞舞

曾经的候鸟　如今身在何处

在那遥远地方　灯火依然昏黄

却无数次　照亮我的梦乡

我心中的世界　竟是如此遥远

不知不觉中　已离家千万里

在那遥远地方　灯火依然昏黄

却无数次　照亮我的梦乡

——《故乡山川》

回不去的家乡

"到不了的地方都叫作远方，回不去的名字叫家乡！"

我这几日都在为家乡养猪场的事情发愁。我们年轻一辈的人常年在外，但对家乡的事情，大多数人还是给予了莫大的关心。清明节回了一趟老家，结胜小叔在家，我们就充当了事情的联络人，及时向群内发布事情的最新进展。经过昨天一天的讨论，我们年轻一辈都极力反对建设养猪场。一是因为养猪场的设施再先进，都会对周边的环境有一定的影响（猪不可能在密封的空间里饲养）。村里之前两个养猪场的例子已经让我们非常警惕养猪一事对环境的侵害了。二是因为租金太低，一亩地就两百元，而且租期是三十年，一亩地三十年一共六千元，相当于白送。三十年后，我们这辈都已经六十多岁了，用六千块钱就把可以自己使用的山给他们，也太不划算了，万一我们以后想做点什么，都没有了自由。

昨天，我们在群内都统一了思想，打电话给各自的父母做思想工作，让父母坚定立场，不要签字。昨晚，村干部带着队长会计一家家地跑，做没有签字的人的思想工作，说没有污染，符合国家标准，最终目的只有一个：让父母签字。

果然，有人立场不坚定，说好的坚决抵制，坚决不签字，今天群里就传来消息，有一家已经签了字，他曾经的信誓旦旦已成为我们的笑柄。一方面，我感到很遗憾，因为同盟出现了"叛徒"；另一方面，又觉得伤心、绝望，我们年轻一辈好不容易建立起来的"统一战线"就这样分裂了，他们的背叛给了我们一个措手不及。仔细想想，也觉得很正常。无知者，从来不只过去有；贪图小利者，从来就没有消失。

一个人的思想直接决定这个人的行为。有的人思想正直，他的行为自然刚正不阿；有的人阳奉阴违，他自然当面一套背后一套；有的人没有主见，自然是左右摇摆，怎么都行，事不关己高高挂起。

现代社会，交通便利，"回乡"很简单。因为觉得很容易，便也不急着回去，于是我们很少回乡。但我们牵挂家乡，说明我们还没有忘记家乡，没有忘记我们的根。

放慢脚步

一周没有动笔，是因为自己懒惰，也是试图让自己在时间里沉淀。

不动笔的时间总有一种逍遥的自在，不用连续几个小时坐在电脑前频繁地敲打着键盘，而且思维不会被书写的逻辑所束缚，能自由地想象。但是，一周已经过去，回过头一看，发现平淡的生活中缺了点对行走过的印记的记录，虽有思考和碎片式的阅读，却难以成文成篇，总觉是一种遗憾。

接下来，又是连续两个比平时还忙碌的周末。

说很忙碌，但是，问自己收获了哪些，却回答不上来，更没有把事情完成的成就感。

我们的步伐总是太快，心情总是太着急，没来得及思考、沉淀，就又要面对新的事情。

读书的时候急，不读书的时候也急；不上班的时候匆匆忙忙，上班的时候更是着急……做事情永远急急忙忙，手忙脚乱。马路上快速行驶的汽车，公交车里拥挤的乘客，人们迈着匆忙的脚步，无暇顾及路边的风景和身边的行人。

学校里更是这样。

读中小学的时候，父母永远那么着急，生怕自己的孩子输在了起跑线上，赶紧让孩子参加各种兴趣班，请老师提前为孩子教学……钱倒是花了不少，效果如何，看到孩子疲惫的样子就可以知道答案。上了大学，倒是实现了父母的愿望，可孩子早已忘掉上大学是来学习的初衷了。孩子们着急赚钱，着急踏入社会，着急锻炼以后也许自然而然就会掌握的应酬能力……到头来，在大学学到的理论知识有多深厚、思考能力有多强就不得而知了。

来不及打好基础，就要马上看见效果。这是现代人的通病。

暖阳高照，春风拂面，骑着电动车去学校，没有飞驰的汽车的催促和压迫，我在非机动车道上自在前行。树上刚刚冒出鹅黄的嫩叶，空气里散发着淡淡的馨香，前车卷起落到地面的黄叶，它们在地面翻滚。暖风从耳边拂过，发出呼啦呼啦的声音，放眼望去，绿意盎然，心旷神怡。

看着平日里从未留意的景色，我不禁感慨：放慢前行的脚步，生活是如此美好。

如果有一天，我们都放慢脚步，在田野里奔跑，在书海中徜徉，在大自然里放歌，在教育中也尊重孩子的兴趣、爱好 —— 用梦想来牵引孩子的未来，让每一朵鲜花，都找到适合自己的时间含苞绽放，我想，我们的生活一定更美好。

到底伤害了谁？

　　老师在教学中经常会遇到这样的学生：学习不好，行为习惯也非常糟糕，精力都放在与学习无关的事情上，打游戏、睡觉、逃学、撒谎……不仅荒废自己的学业，还对班级其他同学产生负面影响。这样的学生，老师大多对其没什么好印象，他们是老师班级管理中的难题，但又不得不去面对。

　　遇到这样的学生，老师通常的做法是谈心、谈话，把学生单独叫出来，做学生的思想工作；如果无效，就和家长进行沟通，同时，把学生的基本情况反映到学校，按照学校的规章制度进行处理。和家长联系，是希望同家长取得一致的意见，希望家校之间相互配合，齐抓共管，共同努力，把孩子的行为习惯培养好，从而把学业搞好。若与家长的配合无果，只能处分学生，甚至开除。

　　这是老师们的一般做法。老师们深知，学生的优秀的很大一部分原因在于他们的家庭。一个家庭的氛围和父母的态度、认知，对孩子的成长起着潜移默化的作用。所以，老师渴望和那些"问题学生"的家长沟通，希望和家长分工协作。家长搞好家庭教育，老师在学校里加强学生的日常管理，孩子能够健康成长。

　　与家长沟通的出发点是好的，但是，在实际操作的过程中，老师们常会感到很无奈。

形形色色的家长，老师们早已见怪不怪。有的家长是"甩手掌柜"，把孩子送到学校里，交了生活费就完事。他们认为花了钱、向学校交了费，就可以对孩子在学校的情况不管不问；有的家长，孩子一旦出了问题，便把责任全部推给学校和老师，来到学校直接质问；甚至有的家长，直接动起了手……

曾经有一位经验丰富的班主任老师，班里有一位学生全校闻名。这位学生十六七岁了，总拿着一个婴儿奶瓶喝水，上课的时候总喜欢发出奇特的声音，吸引同学和老师的注意。老师上课受到了干扰，就对他提出批评，可是老师一批评他就装哭，几分钟后又笑出声来……总之，他通过怪异的行为吸引同学和老师的目光，只要被同学或老师关注，他就很开心。

有这位学生在课堂，教学过程经常被打断，老师要花很多时间来维持正常上课的秩序，这样的课堂对任何一位老师而言都犹如一场灾难。

班主任平时对学生要求严格，每每见他做出怪异的行为就批评他，可是他却屡教不改。老师很无奈，毫无办法。这学生经常被老师批评，也不开心。有一次，他没有沉默，把班主任的话顶了回去："你为什么老是针对我？"然后哭着跑到走廊上。见状，老师赶紧安抚。

这件事之后，班主任请假回家。再后来，她辞掉了班主任的工作。

没有班主任的管理，班级一盘散沙。

这不是个案，也不是特例，这只是我亲历的事件之一。时下，教师职业仿佛成为"高风险职业"，教师这一职业因为要"无私、伟大、为人师表、立德树人"，老师对自己的行为不敢有一丁点儿懈怠。班级成绩差尚能继续努力，学生一旦出现安全问题，那就是"吃不了兜着走"

了，不管和自己有没有直接关系，都会受到影响。

刚刚工作不久，我带的一位学生沉迷网络，从实习单位里擅自离职，一直在校外上网。家长找不到人，来到学校向我要人，声称，孩子是从学校失踪的，学校要负责。我协同父母去派出所报案，派出所通过查询，发现孩子正在网吧里上网，便把网吧的地址告诉我们。

找到孩子后，父亲要孩子跟他一起回家，孩子不听，说哥哥平时对他态度太糟糕，之前去找哥哥，哥哥没时间理他，现在不想跟他们一起回去，不要他们管。说完，径直逃走……很多时候，孩子出现问题，其原因是多方面的。

有人说："现代社会，人们一直在追求保障，对一切的保障。如果出现意外，人们马上就要找到一个负责人。因为上级要负责任，上级很紧张，怕出事，所以要管好一切，不允许任何意外发生。"追责，其出发点是让社会各项工作做得更好。但是，在现在这样的教育大背景之下，孩子"说不得，骂不得，更打不得"，老师们纷纷放下了自己手上的"戒尺"，有时候不敢管，有时候不能管，很难把握"惩戒"的度，就彻底不想管了。当教育缺乏必要的惩戒（不是体罚，惩戒和体罚不一样，这里说的是"必要的惩戒"）时便是无效的，"没有惩戒的教育是不完整的教育"。长此以往，也不知道到底伤害了谁？

青春如歌

"刚刚风无意吹起，花瓣随着风落地。我看见多么美丽的一场樱花雨，闻一闻花的香气，哼一段旧时旋律……"

悠扬的音乐在耳边徘徊，浮躁的心顿时平静，安静地坐下来，好好地体会。

当我们还是无忧无虑的孩子的时候，哼着"太阳当空照，花儿对我笑"的歌，一路小跑，随书包在背上一颠一颠，奔向学校。

不知不觉，我就长大了，不会再哼着小曲一路小跑。我迈着坚定的步伐，追赶我的生活。清晨的冷风吹着脸从耳边呼呼而过，在点点昏黄的路灯下，和自己开始一天的"赛跑"。在早读课上，即使眼睛仍有一些迷蒙，还是大声地朗诵着"老当益壮，宁移白首之心？穷且益坚，不坠青云之志"。

有梦想，也会有困顿。累了、受挫折了、受不了沉重的压力的时候，就好想放弃。这个时候，又会有一种声音在耳边萦绕："最初的梦想紧握在手上，最想要的地方，怎么能在半路就放；最初的梦想绝对会到达，实现了真的渴望，才能算到过了天堂。"我被这点点的温暖感动着，鼓起勇气，重整旗鼓，又开始了我的征程。

我每天都在努力奔跑着，用年轻的心作赌注，像蜗牛一样用瘦小的身躯背负着宏大的理想，一步一步向上爬。"我要一步一步往上爬，在最高点撑着叶片往前飞，让风吹干流过的泪痕，总有一天我有属于我的天。"

青春如音乐一样，有忧伤，有美好，有感动，有梦想。你的乐谱上跳跃着怎样的音符，你就会有怎样的青春。

是的，青春如歌，如春花一般美丽的歌，我们都在谱着动人的旋律，演奏着一曲又一曲青春激扬的歌。

百花盛开，桃红柳绿，热血沸腾，心潮澎湃。

淅沥沥的小雨滋润着大地，刚吐出的新芽，在雨中沐浴，洗去冬的疲惫。空气中，弥漫着大地的馨香，沁人心脾。夜晚，青蛙在低洼处发出歌唱，呱呱的叫声，此起彼伏，奏出华章。

青春如歌！

我的阅读经历

初拟的题是"我说阅读"，后来一想，我有何资格来"说阅读"，这样的"大题目"应该是学贯中西的那些大家、牛人或学术巨擘才可以说的，像我这样"阅读年龄"很小的读者，还是好好地倾听大家的教导吧。

我的老师说我拟的标题有些太过随意，不能吸引读者。我曾经是一名中学老师，何尝不知标题的功用。作为老师，我总喜欢对别人的东西评头论足，但轮到自己的时候，即使绞尽脑汁，最后也还是平淡无奇、朴实无华、毫无新意……

说了太多，还是暂定"我的阅读经历"此题吧。

小学时，除了学校发的，其他的书籍我是很少阅读的。一来家里根本没有书，二来没有阅读的条件。母亲说，我家三代贫农，爷爷一字不识，我二伯和父亲都只读了小学，三个姑姑更是一天学校也没进，就大伯的学识最高，也只读了五年级，在大队里做会计。把所有亲戚家找遍，都没任何一本课外书，更别提阅读了。那时，家家条件都不好，能吃饱饭、不欠债就很好了，花多余的钱投资教育、买书、买资料，那简直是异想天开。我经常连学费也交不起。一到开学，父亲和母亲就会因为学费凑不齐开始着急，因为不交学费，学校就不发书。印象中，

044

每到开学，母亲就炒一大包花生给老师，说学费凑不齐，先把我的课本发一下，等凑齐了再把学费缴清。临近期末了，老师总让我转告父母，让他们把拖欠的学费交一下。三是根本没阅读的氛围。一放学，同龄的孩子们全部奔向田野，在大地上玩耍。玩累了，身上沾了一身泥巴才回家。假期，我不是放牛、钓鱼，就是帮家里干农活、干家务……连寒暑假作业都是在假期快结束的催促下才匆匆完成。

读了高中后，我才真正开始阅读。除了每一期的《读者》《青年文摘》等刊物，也读了《围城》《西游记》等一批长篇小说，还有鲁迅的杂文集、散文集。

读了大学，选择了中文专业，我才意识到阅读的重要性。大学期间，我系统学习了中文类的专业课程，文学史（中国文学史、中国现当代文学史、外国文学史）、文学理论、文学批评和其他语言类课程（现代汉语、古代汉语、训诂学、文字学等）。这些课程极大地开拓了我的视野。在阅读中，让我印象最深的现当代小说是路遥的《人生》和《平凡的世界》，看完这两本书，我总共花了五天时间，现在仍然记得看完的那一刻，心里那叫一个舒坦和兴奋。

决定考研后，在备考期间，我读了更加专业的书，如《美学》《美学基本原理》《文学批评与写作》等。

读研后，在导师的指导下，我的阅读更加系统。从古希腊时期到后现代，从先秦到现当代……以问题带出思想的变迁，有面的把握，又有点的深入。现在想来，那是一段最美的时光：有老师指点，又有一群志同道合的人讨论着各种问题，每天的学习都饱含对未来的畅想、对问题的思索……

毕业后，虽然也保持了阅读的习惯，但是没有老师安排的任务和思考目标，阅读变得随意。我看了如《沧浪之水》《活着之上》《树犹如此》

《草草集》《沉默的大多数》等书，大多数情况是看到什么书就翻什么书。阅读早已成为我的一种习惯，一种生活方式，也成为一种享受。在阅读时，我让自己思考，让自己沉淀。

大风四起，柳絮纷飞，冲入眼睛、鼻孔……举目望去，莺飞草长，一片盎然的生机。

能阅读，是一件多么幸福的事情！可惜，很少有人能理解了。

热闹的另一面是宁静

因为牛美芹老师的一次转发，我的公众号阅读量暴增，也让我的热情不断高涨。

周末一阵大雨，哗啦啦地从天而降，把所有的热情全部带走，一切又回到宁静的开始：微凉的空气，昏黄的灯光，稀疏的蛙声，不断掠过的汽车身影，淡淡的清香，工地上断断续续的施工声……

热闹过后，又重归平静。

这几日，脑海中老是想起《鲁迅：伟大与深刻的另一面是平和》这篇回忆录。对鲁迅进行了解，我更多的是通过课本。他思想的高度和深度，对国民劣根性深入的揭露，对封建社会"病苦"的深刻批判，让他成为 20 世纪世界文化巨人之一。他——鲁迅，在我心中是伟大和深刻的。但是，这不是他的全部。

萧红描写了很多鲁迅琐碎的日常细节，通过这些细节刻画出大多数人（包括我）并不了解的鲁迅的另一面。尽管我们并不了解、并不熟知，但这更加真实。因为，"没有一个艺术家平日一天二十四小时始终是艺术家的"。

多数人喜欢热闹，我有时候也是如此。但热闹过后，一切又归于平静。人群如潮水一般退去，只留下孤单的自己，孤独顿时涌上心头。

去食堂吃饭，去开水房打热水，去图书馆看书，去阅览室查资料，去自习室看书……一个人时，任何地方都不愿意去。大学生大都喜欢跟自己的室友一起行动，因为这样才会有安全感。

喜欢热闹并没有错，但这并不是生活的常态。

人的一生就是赤条条地来，又赤条条地走。是啊，人生下来就是孤单的，热闹和群居只不过是短暂的心灵依靠。

伟大、深刻和平凡，热闹和宁静，群居和独处，它们都是生活的样子，但有些时候，后者或许更能体现生活的本色。明白这些，也许就不以热闹而喜，不以独处而悲了。

六月心情

　　六月，是毕业季，到处充斥着离别的气息，伤感的氛围萦绕在心头，挥之不去。天气逐渐炎热，除了日常的工作，手机里支离破碎的信息和短视频，分散了大量的精力和时间。六月，心浮气躁，没有多少收获，没看多少书，也没写多少文字，浑浑噩噩。

　　我知道不应该这样书写着自己的心情，这一点我的老师早就提醒过我，因为这对写作而言是一大忌。陷入自己情感的泛滥中，最终会无法自拔。但是憋屈在心里不得声张，那更是痛苦至极。更何况，大家平日里忙于自己的家庭、工作，没人会愿意倾听。

　　白天高温，不敢出门，只好晚上去散步。今天正好是高考的第一天，散步路上，我思考着今年的作文题如果是我来写，应该从何处立意，应该如何使用那些文字材料。

　　每年一到高考，语文考试的作文题都会掀起一股评论的热潮。2017年的"中国关键词"，2016年的漫画作文，2015年的"孩子向警察举报父亲"……对那些经历过高考的人而言，其他题目可以不关注、不思考，但作文题还是要仔细看一看的。

　　中国高考经历了几十年的发展，作文题大致有命题作文、半命题作文、话题作文、材料作文、漫画作文和任务驱动型作文这些主要的类型。从命题的趋势来看，试题越来越侧重考察学生的思维、创新和分析问题的能力，题目越来越开放，越来越多元。特别是近两年新流行的"任务驱动型作文"，能鲜明地看出学生分析问题能力的差异。

考试的直接结果是分数，是能力的体现。

我们总是反对应试教育——每天进行高强度的"重复劳动"，让学生掌握应试技巧，迎合阅卷教师，同时，在教学中忽视学生的个体差异，忽略人文素养的培养……在这些方面，应试教育确实应该受到批评和指责。在中学任教多年的我，更是深有感触：教育中很难完全尊重学生的个体差异，但要向学生要分数，每月考试要排名，还要在高考这一天，同时结出硕果……

总有人举出西方国家的教育案例，如美国、英国等，说他们的孩子学习很轻松，几个学生和老师在一起，聊聊天，做做课外活动，就掌握了知识。他们都只看到了表象，真正学习的过程从来都是枯燥的，是乏味的。在中国国情下，不少单位或企业都是"逢进必考"，尽管有弊端，但对于人口基数庞大的中国而言，考试不失为一种相对公平的方式，能够较为直接地看出孩子的能力。如果不靠考试选拔，那最后会沦为依靠人脉、人情或者其他关系，我相信，世界永远不会变得更好。

一不留神，就走到了门口。路灯依然昏黄，它们整齐地站在道路两边，静静地照着。路中央的常春藤已经垂到地面，四季海棠开着粉色的花，它们在六月里静静地长着……

工作随想

  学校领导来检查工作，检查的内容正好是我负责的。因为和其他学院相比，我院的工作进度确实滞后，所以我的心里一直忐忑不安，怕自己所有的回答听起来都像辩解。我像犯了错的学生，被老师叫来，然后低着头站在那里，不敢作声，等待着宣判。

  领导没批评，给了我一个台阶。我一阵侥幸，心想回过头，得更努力地开展工作。

  所有的话，从嘴巴里说出来都很简单，但要做好绝不是那么容易。这就好比让陷入网络的人戒掉网瘾，他满口答应，行动上却控制不住自己。

  开展工作就是这样，努力了不一定有一个好的结果，因为影响工作的因素太多，但一定要尽力，不尽力只会更糟糕。做学生的时候，只需要担心自己是否能考好，而成为老师，则要担心一群人。自己要想考得好，自己努力就行了，但是要让一群人考得好，一个人说了可不算……

  当炎热成为常态，校园里都是匆匆的脚步和颜色鲜艳的防晒伞。慎思楼楼下，合欢正在绽放，远远望去，一树绿叶中，粉红的一片片，像少女脸上泛出的红晕。慢慢走近，就闻到一阵芬芳，沁人心脾。这种味道，让人顿时忘却所有的烦恼。那一朵朵的花，在枝头绽放，由粉红渐变为纯白。

世间竟有如此美丽的花，它们在枝头绽放，在枝头谈笑，在地上沉睡……

又是一阵芬芳，令人沉醉，我早已忘却一切烦恼。

高考中的青春

高考是一道分水岭。学生们有的步入理想的高校，有的回到复读班，从此走向不同的旅途。

9月，炽热的空气弥散在教室的每个角落，教室里疲惫的电扇发出吱吱的声音，令人躁动不安。高考的日子渐渐远去，高考成绩划出的伤口渐渐愈合，没有如愿考上大学的伤痛也慢慢被淡忘。复读班里，学习状态回归正常，纪律慢慢松散，教室里又恢复了生机。

中学的时光大多是单调而乏味的，除了上课、做题之外，很难有新意。当然，还有一点时间自己能够安排，那就是周末。那时的周末，大家都很少回家。周六基本在上课，周日回家后又得赶回学校来，与其来回奔波，还不如待在学校，更何况学校里没有父母的唠叨和老师的干涉，更加自在。

同学们之间相互认识得益于课堂，相互了解得益于周末。只因一到周末食堂就不开饭，在校的同学纷纷在外面的小饭馆里相聚，大家一起看电视、聊天。

复读的生活一直平平淡淡，这样的日子里，偶尔从围墙偷偷翻出学校才能激起单调生活的一丝波澜。

上课，考试，改试卷，下课，过周末……在上课中汲取营养，在试题中沉浮，在无数个黑夜里徘徊，退缩，想要放弃。不知不觉中一年过去了，又到了高考的时间。

高考最后一天的下午，考完英语，复读生们背负了一年的压力终于得到释放。同学们从考场出来，感到前所未有的轻松。不管结果如何，曾经付出了，为自己的梦想努力过、拼搏过，这就够了。

高考结束后两天，同学们相约到学校拿答案估分，大家在校园里再一次相遇。这一刻，老师突然失去了课堂上的威严，变得礼貌而和蔼，不停询问同学们的生活、打算，校园也变得可爱起来。

不过，现实有时候总是和愿望背道而驰。相约上同一所大学的好友却被不同的大学录取，去了不同的城市，曾经的约定只是一个美好回忆。

在大学里，他们都有了自己的生活圈子，认识了新的朋友，对未来，他们有了自己的规划。在大学宽松的环境里，曾经的好友之间保持着断断续续的、不冷不热的联系。

如果他们在一起了，会不会和现在不同？

命运有时候就是这样。年轻的时候喜欢把生命中的差错当作命中注定，后来，却喜欢把所有的命中注定当作生命里的差错。其实，现在的一切就是最好的。突然，我想起了一句歌词：有多少爱，可以重来？有多少人，愿意等待……

秋风起，吹落了红叶，青松依然昂首挺立。我昂起头，迎着风，大步迈向办公室……

盛夏，后背总是湿了又干，干了又湿，浮躁的内心难以平静。等到雨水频繁光临，冲走暑热，又带来波澜。

每年6月，是分别的季节，也是收获的季节。毕业生们收获了成长的喜悦，他们拿着毕业证，踏上新征程……我替他们感到开心，一路走来，不觉又是一季。岁月如梭，风车静悄悄地转，吹散了青春……

愿大家一切都好。

雨

　　一到夏季，太阳就肆意地释放着它的热情，炙烤着大地。温度攀升，地面的水分不断蒸发，身体里的水分也从皮肤渗出，浸湿衣服，让衣服沉重地贴在后背。这个阶段，雨水也开始多了起来。一场雨，可以暂时中断一下暑热，让人们从狂躁中暂时解脱。夏天的阴云，有时来得毫无征兆，然后大雨滂沱，下个通透；有时慢吞吞，厚厚的云层在天空中来回游走，反复酝酿，最后大雨才纷纷落下，让地面难耐暑热的人落荒而逃。

　　降水一共有哪四种类型？中学的地理课本上就有明确的答案：对流雨、地形雨、锋面雨和台风雨。当然，在这里说降水的类型似乎毫无意义，下雨就下雨，没几个人会关心今天下雨的原因，就好像我们每天在食堂里吃饭，却很少有人留意土地里的作物如何生长。

　　雨水按照季节来分，有春雨、夏雨、秋雨和冬雨。四季不同，雨水也是各有特色。

　　春雨绵长而细柔，总是令我想到杏花春雨和江南的雨巷。江南古街中，青石板上，雨水缓缓落下，地面雾气氤氲，一名丁香一般的女子，撑起油纸伞，在雨中前行……夏雨和夏天的性格一样，热烈而刚毅。夏天的雨从来不会温柔，来得凶，去得也快，有时还会夹杂着闪电风暴，令人生畏，不敢接近。夏雨像小时候印象中的父亲，厚重而刚毅，令我又爱又惧。一场秋雨一场寒，秋天的雨总是叫人感伤怀旧。茂盛了一季的树叶纷纷从树上凋落，地面萧瑟一片。白天慢慢变短，雨水的到来显得更加寒冷，让我顿生感伤。冬天的雨水，夹杂着雪花从天上飘落，在地上化为一摊。冰冷而刺骨的寒风吹过，雨水开始浸湿鞋袜，寒意十足，让人只想赶紧逃离。

　　四时不同，各有风韵。

"今天"的几件事

今天是 8 月 7 日。

最初，我对这个日期有印象是因为历史课上提到了"八七会议"。那时，朱旭南老师在课堂上反复强调"八七会议"的内容及意义。如在"八七会议"上，选出了新的中央政治局，并确定了土地革命和武装斗争的方针。会议同时决定，发动秋收起义。在"八七会议"上，毛泽东提出了"枪杆子里出政权"，此次会议为中国革命指明了方向……

中学的历史课本我很多年都没有再翻开，但朱老师在讲台上认真严肃的表情仍记忆犹新。十几年前那个炎热的下午（也是 8 月 7 日前后），我和朱老师初次见面。之后的日子里，他每天早上准时来到教室门口。在早读和上课的间隙，他总是站在教室前，望着教室里的我们。他的严格、严谨和敬业至今令我印象深刻。可惜我不是一个好学生，虽然能记住大部分的史实，但答不好那些冗长的历史题。

再往后，是 1998 年 8 月 7 日。那年有一个多雨的夏季，我的印象中，基本上每天都在下雨，大人们无法下田劳作，只好在门口坐着，一边聊着天，一边看着外面的雨……我坐在大人的身后，听他们讲话，也看着外面的雨，看雨从屋檐上落下，连成雨帘，然后落到地面……后来，听大人们说，江坝破了，九江市全部淹了，武警花了好几天才把江口堵上。那时的我对这些没有任何概念，只知道我家下面的田淹了好几次，有电瓶的人家，一下雨就去田里打鱼，每次都是收获满满。过了不久，在一个晴朗的日子，村里开始发救灾物资，村里人全部集中起来，热闹非凡。队里把这些物资分好，通过抽签分到各家。那时，我伯伯还是队长，尽管拿回家的都是些旧衣服、方便面和矿泉水，但是人们都很开心，我也是。

2008年8月7日，我刚刚拿到录取通知书，家人都很开心。适逢北京奥运会开幕式，父亲说准备买台彩色电视机，我和弟弟更加兴奋了。我们跟父亲一起去维修店，花了200元买了一台旧的彩色电视机，配上"信号锅"，一共400元。拿回来后，我们自己在平房楼顶调试，接收到信号的那一刻，我们都高兴得跳了起来。

又是一个8月7日。天气很热，我一个人在家，看了七八篇散文随笔，看了《侏罗纪公园2》，整理了朱老师发来的散文，为自己做了一天的饭……

匆匆十年

过了立秋，气温仍没有下降，太阳依旧火辣辣的。

岁月更替，时光流转。我还清晰地记得 2008 年，电视里整天播放着和奥运相关的节目。最吸引我的，是《北京欢迎你》这首歌。每当听到这首歌，我都情不自禁地在电视机前跟着音乐哼唱。中国举办奥运会，吸引了全世界人民的目光，我的内心无比感动、无比自豪。开幕式上的"脚印"烟火，象征着中国人民一路走来的艰辛。

奥运会开幕之前，中国正经受着一些考验。2008 年初，南方连续发生了大范围的低温、雨雪、冰冻等自然灾害，最终酿成了雪灾，给多个省份造成了严重影响；5 月，汶川大地震，几万同胞离我们而去……每一件事都牵动着国人的心。

时光飞逝，一回首，十年光阴匆匆而过。这十年，我生活的足迹是这样清晰，我顺利完成本科和研究生学业，然后参加了工作。这十年，我的生活地点在不断改变，身边的人也发生着变化。他们或渐渐远去，或慢慢走进我的生活……

十年时间，回忆起来弹指一挥间，有多少故事留在里面。时光匆匆如流水，三千多个日日夜夜，我们经历了多少喜怒哀乐，又体会了多少五味杂陈？

上课随感（一）

有一段时间没有上课了，我今天迈上讲台，感到很生疏，不太习惯，甚至有一点紧张。

本来，我打算提前到教室进行调整，但因参加会议，没能挤出更多的时间。等我匆匆忙忙来到教室，教室里已经是黑压压又静悄悄的一片。我直奔讲台，慌乱地把教学大纲、教学进度表、教案和其他材料一起掏出来摆好，又匆忙地插上U盘，打开电脑，发现投影仪没有开。环顾四周，发现走廊上还有学生在走动，就从慌乱中镇定下来。这时，已经有学生注意到我的窘迫，主动跑到我前面来问我还需要什么，我就让他去楼下拿智慧讲台的钥匙。

没一会儿，他就把钥匙送到我的面前。我迅速地打开多媒体的盖子，按下开关按钮，投影仪开始发出刺眼的蓝光，转瞬之间，投影布上就出现了电脑的画面。我感到一阵欣喜和轻松，不慌不忙走下讲台，整理着话筒，顺便维持课堂秩序，让学生把手机收起来，做好上课前的准备。

很久没有连续站立讲课了，我的膝盖依旧十分坚挺，我的授课情绪依然饱满。下课了，我让他们都出去走一走，放松一下，他们纷纷从桌肚里拿出手机玩，没几个人出去。第二节课快要下课的时候，我看到了他们脸上写满了"饥饿"。他们有的勉强支撑着，有的低着头，有几个学生拿出了手机，在屏幕上来回划着，有气无力。

这是我亲历的课堂，也可能是当前大部分老师面临的课堂。

不自觉地，我想到了"技术理性"，想到了王蒙的《触屏时代的心智灾难》，想到了社会大众对毕业生未来的探讨，想到了整个教育系统。

我对学生们说 2014 级毕业生有近 20 位同学未能如期毕业，说确立目标对大学期间的成长发展极为重要，说迷茫的时候需要提高自控力，说青年大学生要时刻反思自己，说安逸会让人堕落，说要勿忘初心……

或许是我杞人忧天，整天操心这些自己无法决定的事情，又总是直言快语，看到不合理的事情就直接说出来，生怕别人不晓得。

进入信息时代，每个人手上拿一部手机。青年大学生飞速地浏览着网络上的信息，心智还未完全成熟的他们无法自我节制，沉迷在知识碎片或娱乐中无法自拔。长此以往，人的思维也会变得浅薄，容易人云亦云，心理上急功近利……更为恐怖的是，如果一直缺乏独立思考，大学生的精神世界会变得同质化、单一化，在社会的竞争力会不断减弱。

秋日畅想

不知不觉，耳边沙哑的蝉声已经沉寂，短袖被汗水浸透后紧紧地贴在背上的狼狈也已变成昨日的记忆。放眼望去，树叶开始发黄，凋零，飘落。香樟树上的枯叶变得通红，散布在绿叶之间，星星点点，让人想伸手去触碰，却又担心惊扰它们的私语。一到早晨，地面上总是铺满厚厚的一层落叶，每当有车子经过，叶子便跟在车子后面不断奔跑、翻滚，如行人的脚步，匆匆忙忙……

一叶落而知天下秋。是啊，凋零的秋叶总是能引发人们对时间的感叹，对往日时光的留恋，我也是如此。打开电脑，听着八十年代的抒情歌，回想着青春的脚步和曾经的青涩，幸福而又满足。此刻，我坐在书房里，隔着窗户，听着窗外的秋雨淅淅沥沥。雨水落在树叶上，像是时钟的滴答声，数着行人的脚步。

母亲常说，把我们养大，她就老了。是啊，时间一直就这样滴答、滴答地向前走着，从来也不会因为我们的留恋和不舍而变得缓慢。世间所有事物中，时间最值得人们敬佩，它对所有人都公平，每个人的一天都被限定为 24 小时。时间最值得人们怀念，它见证着每一个人的成长，成熟和老去。时间也是最好的裁判，会证明人的善良，也会揭开人虚伪的面具，暴露其不堪的内心。

夜晚，围栏外的工地，依然灯火通明、热火朝天。脚手架上，钢管不断发生着碰撞，工人用锤子把铁钉钉入木板，发出热闹的声音，划破寂静的夜空。不过，这热闹是属于他们的，而我只能在这里静静地坐着，翻着未看完的书，让思绪肆意流淌……

冷若冰霜

寒来暑往，秋叶凋零。不知不觉，人们已将短袖放入了衣柜，开始把厚重的衣物裹在身上。

即便裹上厚厚的棉衣，把拉链拉到顶，将手放入衣服两侧的口袋，我仍感到一丝寒意。

太阳初升

空气中的寒意仍未散去

微光均匀地铺在地面

冻了一晚的叶子

慢慢苏醒

睫毛上的冰晶

渐渐融化

这样的场景

不知道重复过多少回

它们醒了又睡，睡了又醒

天寒地冻

也没有把它们吓倒

人世间，人人都渴望繁华精彩，渴望轰轰烈烈，赏尽人间美好，到头来，只有平淡才是真，只有地上的小草才是最真实、最精彩的。小草虽被脚踩，却不畏惧，依旧拼命地抓紧土地；哪怕没人关注，它也一样努力地生长着。它们挺着不羁的身躯，枯萎后仍保持倔强的姿态，默默无闻……

冬日，繁华落尽，铅华洗尽，一切回归本真。春夏秋冬的滋味，这一刻才能懂。

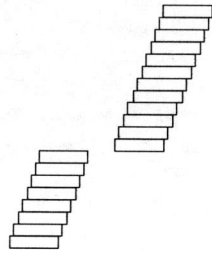

且走且思

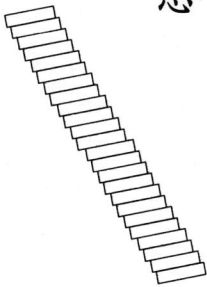

NBA 的二三事

　　美国职业篮球联赛（NBA）2016—2017 赛季季后赛激战正酣，昨日进行了西部半决赛第一场，休斯敦火箭队客场对阵圣安东尼奥马刺队。火箭队擅长的三分球像导弹一样从天空中精确落入球网。整场比赛，火箭队三分出手达到 50 次，命中了 22 个三分球。火箭队良好的外线手感把马刺队打了一个措手不及。开场仅 4 分钟，波波维奇教练就连续叫了两次暂停，但这无济于事，半场结束火箭队就已经领先了 30 分。火箭队用外线三分球彻底撕破了马刺队的防守，让马刺队的内线防守形同虚设，让内内和卡佩拉有机会连续攻击内线，并多次成功。火箭队内外开花，把马刺队打得落花流水，真是大快人心！

　　这不是我第一次看球了，我的球迷生涯开始得很早。从高中开始，我就开始有意无意地接触美国职业篮球联赛，只不过那个时候懵懵懂懂，也不怎么感兴趣。印象最深的是周末放学后和同学一起回家，在路上，同学看到路边饭店的电视里正在放着比赛，就像丢了魂一样，一动不动。他说要看比赛，让我先回家。那时候，我根本不了解篮球，更不知道什么是 NBA。只记得，同学很喜欢湖人队的比赛，因为有科比·布莱恩特；还关注火箭队，因为姚明是中国人，而且是"状元秀"，姚明还是联盟里的第一大高个，身高足有 226 厘米。

由于中学时学习任务重、学习压力大，我对篮球的关注是时断时续的。我所获得的信息，都是通过同学之间的讨论得知的。这些碎片信息像天上的流星，从我脑海中划过，转瞬即逝，让我对篮球的了解浅尝辄止。

我的球迷生涯真正开始于 2007 年。高中时，时间很紧张，学生每周休息一天，每到月底休息两天。我家离学校比较远，因此单休的时候我基本不回家。周末学校食堂不提供饭菜，所以我都是在外面小饭馆度过周末的夜晚，一来解决吃饭问题，二来可以跟同学们一起看篮球比赛。看得最多的当然是火箭队的比赛，因为有姚明，还有特雷西·麦格雷迪。麦格雷迪从魔术队到了火箭队，给火箭队冲刺总冠军带来了希望，也给我们高三单调枯燥的生活带来了乐趣。麦迪（麦格雷迪的简称）在火箭队的高光时刻，当属 35 秒钟获得了 13 分并神奇逆转了马刺队的惊人表现。那 35 秒，属于麦格雷迪，是球迷心中那个伟大的"麦迪时刻"，也是我心中的。

连续两年季后赛，火箭队一直和犹他爵士队相遇。那时，火箭队的教练是范甘迪，爵士队的教练是斯隆。斯隆教练带着犹他"双煞"——德隆·威廉姆斯和布泽尔，让火箭队在总冠军的路上一再折戟。由于爵士队一次又一次打败火箭队，所以我对其很不喜欢，甚至是讨厌。特别是火箭队艰难追分的时候，爵士队投中篮球，让姚明在内线接球，对姚明进行绕前防守，然后抢断，接着打起快攻……爵士队让火箭队步入第二轮的梦想破灭，因此，我们恨极了他们。最终，"姚麦"组合从未突破第一轮，直至解散。

那时，我们吃着饭，看着球，为火箭队进球拍手叫好。同时，爱好篮球的种子也悄悄种进心底，慢慢生根，发芽。我和胡广、吴为、黄亮、苏金波等好友的友谊也是从这时开始，一直延续到现在。进入高三，看球的机会少了，和同学们在校外小饭馆里边吃饭边看球的日子成了我最美好的回忆，让我终生难忘。

上了大学，学业压力没有高中时那样大，课程也相对轻松，食堂里的电视机也总是定格在央视五套。每到吃饭时间，食堂电视机下面总是聚集一大群人，有真球迷，也有伪球迷。我偶尔掺杂其中，感受着热闹的氛围。我们大部分人还是支持火箭队，期待火箭队能够在竞争激烈的西部联盟中进入第二轮比赛。

2009年和2010年，火箭队和开拓者队在季后赛中相遇。那时，开拓者队的罗伊还没有退役，火箭队仍以姚明为核心。火箭队的战术很简单，就是传球给姚明，让姚明持球进行低位单打，接着勾手或翻身跳投，因此，姚明每个回合都打得十分费力。姚明因为体力消耗太大，经常被对手抓住漏洞，然后被快速反击。每当这时，电视机下面总是嘘声一片，对火箭队"怒其不争""恨铁不成钢"。很多年里，火箭队都是"一轮游"，给广大球迷带来了青春的遗憾。

从这时开始，我对篮球有了更深的认识。篮球，是团体的运动，仅仅靠某一个超级巨星是无法获得胜利的。杜兰特离开雷霆队后，威斯布鲁克单独带队，战绩便一落千丈。近几年，巨星"抱团"的现象愈发明显，为了总冠军，几个超级巨星组成"超级队伍"的现象屡见不鲜。篮球是集力量、视野和技术于一身的运动，三者但凡缺一就只能沦为平庸。

2010年，姚明退役，火箭队进入重建期。没有了中国队员，战绩也不好，因此，火箭队在2010年之后失去了很多中国球迷。2012年，火箭队从雷霆队换来詹姆斯·哈登，进入"登哥"时代。

2015年，我参加工作，踏上了工作岗位，在办公室里也认识了一批资深老球迷，如精力充沛的段益明老师和温文儒雅的朱宏文老师。

有了他们的陪伴，我的球迷生涯也步入了新阶段。

这一年，火箭队和快船队在季后赛中相遇。在第七场比赛中，火箭队一度落后19分，最后在一群"发带兄弟"的联合追击之下，上演了神奇逆转，打败了由保罗率领的快船队，步入西部半决赛。快船的保罗成了"悲情帝"。这年季后赛，快船队同样悲情。格里芬脚踝的扭伤，彻底改变了比赛走向，保罗再一次止步于西部第一轮，让人感到遗憾。

十几年匆匆而过，校园里的绿化经过升级改造又重新展现出盎然的生机，陆家河中的水鸟重新做了窝，下了蛋，孕育出新的生命……

这一刻，我回望过去：NBA球星换了又换，每支球队也几经沉浮，有战绩辉煌的时候，也有沦为"鱼腩"的时候。而雷·阿伦、科比、邓肯、加内特、皮尔斯等巨星，都已离开……

活在当下

　　《一条狗的使命》这部电影讲述了一条狗贝利（在每一次轮回中的名字不同）经历多次重生，在一次次生命的轮回中寻找不同的使命，最后又回到了最初的主人身边的故事。

　　《一条狗的使命》充满着人文情怀。一开始，狗狗陪伴小男孩伊森一起成长，还为他追到女友。第二次轮回，狗狗变成了警犬，威风凛凛。第三次轮回，它变成了柯基，跟在一名学生身边，经历了她的爱情。第四次轮回，它遭到领养家庭的冷暴力，最后回到了最初的主人——中年伊森的身边，并且促成一段晚来的婚姻。光影交错里，我们看到了贝利与每一世的主人之间的真挚情谊，影片充满了对生命的思考与敬意，令人动容。狗奔跑在广阔的草地，同自然融为一体；狗和人之间和谐相处，展现出一幅幅美丽和谐的画面，传达出生命的意义。

　　整部电影都是从贝利的视角来叙述的。

　　电影的这一叙述视角深深地打动了我，因为在现实生活中我家也养过这样一条忠诚、开心、快乐的狗。我家的那只狗，它没有名字，家里人都是用"哟哟"（方言中呼狗的词语）来叫它，是我小姑父送给我家的。那时，小姑父和小姑刚刚成家，养了两只狗，听说我家想养只狗看家，就把其中一只狗送到了我家。小狗来到我家之后，喂狗逗狗的任务就交给我和弟弟了。没事的时候，我和弟弟就会找狗玩，带它到处跑，给它喂食物……只是，我一直都非常随意地对待狗，想玩的时候就找它，不开心的时候就不理它；想起喂食的时候就去喂它，不记得的时候就让它挨饿……从未想过快乐而忠诚的狗会怎么看待我。

"哟哟"刚来我家的时候已经成年，为防止它跑了，我们在它脖子上套了绳索，将另一头系在家门口的树上。当时我很怕它，因为它看起来很凶。而它来到陌生的环境，被紧紧地拴着，也怕我们。每当吃完饭，我会给狗喂食。每次喂食，我都是用猪食瓢装满吃剩的粥和汤给它，把手伸得笔直，远远地拿着，伸到它的面前，生怕它朝我扑过来。

渐渐地，它和我们一家人熟悉了。我不再担心它咬我，喂食也不用离它很远，但它还是被绳索系着。平日里一有时间，我和弟弟就带它去遛弯，每到这个时候它总是异常开心，它会跳起来，摇着头，把尾巴使劲地摆，我们也开心极了。

我家的"哟哟"非常灵敏聪慧。那时候父亲在轮窑厂旁边开了修理店，经常要忙到天黑之后才回家。夜晚，我和弟弟总是在灶旁望着锅底的火，等待着妈妈的晚饭，"哟哟"就蹲在大门背后的门闩边。只要看到"哟哟"从地上一骨碌爬起来摇头摆尾，我们就知道老爸快到家了。这时，妈妈都要夸奖下我们家的狗，说它太"灵醒"了。那时，经济条件不好，我们一家人的生活极其简单，却十分温馨。

有一天，我在学校里，父亲在修理铺，母亲在田间，家里没人，等母亲从田间劳作回来后只看见拴狗的链子，狗不见了。后来才知道，偷狗贼把我家的狗给偷走了。没有了狗，好长一段时间，我们都无法适应，心里总觉得少了点什么……

这条狗在我家养了五六年的时间，和我们一家人建立了深厚的感情。之后家里也养过几只狗，但都因为各种原因没有相处太久，大家印象最深刻的仍是这条聪慧、忠诚的"哟哟"。它陪伴着我们成长，让我们懂得倾听，懂得理解，懂得包容。

现实生活中，养狗的人很多，失去狗的人也有很多。这就是电影导演高明的地方，他把大部分人在现实生活中常见的经历，用一个新颖的视角呈现出来。

电影情节令我非常感动，但是最打动我的还是最后贝利的独白：要开心，要做力所能及的事情，要竭尽全力地去帮助别人；舔你爱的人，对过去的事不要一副苦瓜脸，对未来也不要愁眉苦脸，只要，活在当下。

这哪是一只狗的使命？简直是一个充满智慧光芒的老人对无知之人的教诲。

过去、未来和现在，这是我们面对的三个时间维度。有的人一味沉浸于辉煌的过去，不思进取，最后荒废了现在，自怨自艾；有的人天天做白日梦，梦想着美好的未来，却忽视当下，最后也一事无成。就像电影最后说的"活在当下"，过去的辉煌固然很好，但不能一味沉迷，未来变数太大，不可捉摸，还是踏实地活在当下为好。

两位刘老师

这几天一直在看刘玲老师寄给我的书——她的新著《走笔集》。其实，自从收到这本书我就一直在看，只不过因为时间原因总是断断续续，不连贯。尽管这样，我仍发现刘老师的文字里总是渗透着真挚和诚恳，她的不做作和勇气，让我很感动。这种感动令我欲言又止，因为我说不清这种感动是源于我对老师的熟悉、了解，还是源于文字本身。

我说不清，道不明，只好又埋下自己的头，让自己深陷于她的文字之中。

看着书中的文字，我大呼过瘾，以至于中午吃饭的时候，跟家人说："我在看刘老师的书，书中的内容实在是太棒了，建议你也读上一读。"家人问："是你们刘组长写的书吗？"我不由一愣，我们语文组组长也姓刘，家人把两位老师混淆了。我顿时陷入沉思，因为我从未把刘玲老师和刘俊生老师放在一起对比过，尽管我对他们两位都非常熟悉。因为家人的提醒，我才把两位刘老师放在一起比较，发现两位老师在精神上确实有很多的共同点。

第一位刘老师我是了解的，她是我研究生期间的老师，叫刘玲。刘老师总是面无表情，更不喜欢笑，说话言简意赅、犀利、直切要害。我们害怕的，也正是她的犀利、直切要害。上课的时候，包括我在内的七位同学都害怕她，每次上课总是胆战心惊。

刘老师上课自成一格。她总是提前给出问题，空出一周的时间让我们阅读原典，去书中寻找答案。上课的时候，要求我们依次回答上节课布置的任务。回答结束后，她就点评我们这一周的看书成果：谁有自己的想法和思考；谁认认真真阅读了原著；谁是抄袭别人的观点，根本没有独立阅读。她总是一针见血，直接指出我们的问题，毫不留情。点评外的其他时候，刘老师总是沉默寡言，面无表情，仔细地听我们回答。

正因为这样，上刘老师的课，我们总是忐忑不安，生怕讲得不对、不好，受到批评。一来康德、黑格尔、尼采、叔本华等思想家的理论本来就难以理解；二来时间很短，一周的时间根本不能仔细而完整地阅读原著，我们只能走马观花、蜻蜓点水式地阅读。所以，上课的时候，我们根本没有底气，总是提心吊胆，大部分人都想拖到最后一个发言。

然而，上刘老师的课，我总是第一个发言。因为开始的几次课，我的发言受到了刘老师的好评。她说我的发言不是空洞无物，能够结合现实，而且表扬我认真看了原著。她的表扬让我信心大增。此后，同学们总让我打头阵，替他们"开路"，为他们争取准备的时间。因此，我经常第一个发言。

第一个发言的次数多，很多过程都忘记了，但是其中一次的经历我至今难忘。刘老师的课安排在周二的下午，而我的导师黄老师却不知道这件事。一天，他提前发短信给我，让我周二下午四点去找他，汇报看书的情况，同时，看看我学习上是否遇到困难。我没有告诉黄老师周二下午有课的事，因为我心里想：刘老师的课三点开始，黄老师让我四点去见他，我只要第一个发言，然后向刘老师请假，就既可以完成上课的任务，又见了黄老师，两不误。而且研究生一年级时没有黄老师的课，见他的机会太难得，我自然不会放过。

因此，那天我主动申请第一个发言后，就向刘老师请假去找黄老师。后来，刘老师主动联系黄老师，问黄老师为什么在她上课的时候叫我出去。黄老师知道情况后，批评了我，让我把上课放在首位。

现在想来，我也是吃了熊心豹子胆。在我认识的几届学生中，刘老师的课没有人敢请假，我是第一个，现在想来仍心有余悸。

到了研究生二年级，刘老师的课已经结束。我们不用上刘老师的课，思想上渐渐松懈下来。刘老师还经常叫我们去她家吃饭，我们有集体活动的时候也叫上她一起，这时，我们才真正开始了解刘老师。

通过上课和日常生活时的观察，我发现刘老师是一个原则性极强的人。她把教学和生活完全分开，教学是一回事，生活是一回事。她觉得学生学习时就要认真，做得不好就应该接受批评；生活中她反倒不喜欢拘束，认为玩的时候就应该随意、轻松。

从刘玲老师身上，我学到了很多，她正直、感性、直率，有勇气、有原则、有担当、有思想。课本上的哲学思想和她对生活的态度，都体现在她的《走笔集》中。

第二位刘老师，是我踏上工作岗位之后的精神向导——刘俊生老师。刚刚入职时，他和我在一个办公室，他担任语文组组长，负责语文备课组日常工作。

他和我的办公桌在同一排。他的话很少，也很少笑，因此，我对这位刘老师也是敬而生畏，问他问题也总是小心翼翼，胆战心惊，生怕惹恼了他。

他对工作中的问题从不回避、掩饰。开备课组会的时候，他总是一针见血地指出我们在教学过程中存在的问题以及应该采取的措施。他直面问题的态度和解决问题的行动力，让人感到"害怕"。从参加工作到现在，我很少见到像刘老师这般直面问题的人。

他对领导的不合理做法更是直言不讳。近几年，一中面临各种改革，学校或年级部提出的方案中有一些不合理的地方。我们作为一线教师，最能了解方案存在的问题，但其他老师很少直接指出来，都只是在背后或私底下发发牢骚，而刘老师总是直截了当，从不害怕自己受到领导的"打击报复"。他的正直和勇气令我十分钦佩。

开会的时候，刘老师总是挺着他的将军肚，不慌不忙、面无表情，然后在前面找位子坐下来，从不多看领导一眼。

后来班级调整，刘老师搬到楼下办公室去了，和他见面的次数慢慢变少了。随着我对学校工作理解的深入，我理解了他，并深深地佩服他，也不害怕他了。

此刻，我脑海中想起刘老师喝酒时的豪爽，说话时的简洁干脆，做事时的敢做敢为。他思想独立，立场坚定，态度鲜明，值得我深深敬佩。普通人需要何等的勇气才能做到这样？

今天，和书中的刘老师做了精神交流，也见到了身边的刘老师，我觉得生活很踏实，这样就够了。

毕竟是书生——朱宏文老师印象

本来打算以"记朱宏文老师"或"朱老师印象"为题，可思来想去，我还是将此文的标题确定为"毕竟是书生——朱宏文老师印象"。因为朱老师是一位标准的书生，而且他也渴望做一位真正的书生。在写这篇文章之前，我专门征得了朱老师的同意。

初识朱老师是2015年，那年暑假，我应聘到巢湖一中，9月初，正式参加工作，进入高一年级部。年级部为了迎接我和杨廷义老师，在都市花园举行欢迎仪式。年级部全体语文老师都去了(除了翟主任)。这个欢迎仪式，让我至今回忆起来仍很感动；也正是在这个欢迎仪式上，我和朱宏文老师相识了。初见朱老师，他留着一个板寸头，戴着一副黑框方形眼镜，身体壮硕，肩膀很宽，方形脸，下巴略小，长着一撮稍长的胡须。酒桌上，朱老师偶尔会从座位上站起来，顺势举起酒杯，然后一饮而尽，随即坐下。在酒桌上，听刘老师介绍，朱老师爱写诗，也发表过一些文字。因为这个，我和他聊了我身边写诗的人，聊了我的室友、我的老师。初入职场的我还留有浓厚的学生气，对诗歌、文学充满着激情，而朱老师也一直频频点头，但回应的比较少。酒桌上，朱老师的话比较少，尽管话不多，但说的全是妙语，让大家开怀大笑，引发一阵敬酒潮。那时我就觉得朱老师是一位儒雅的绅士，他内敛、礼貌、文雅，浑身上下都透着书生气息。

因我和朱老师在同一个办公室，我对他有了更进一步的了解。他不仅是一位温文儒雅的绅士，而且是一位知识渊博的前辈。我自认看过不少书，但是在办公室里聊天时，朱老师经常会说出几本我不知道的书，而且是非常专业的书籍，让我自愧不如。每次聊天后，我总觉得自己还有太多的知识要学，太多的书籍要阅读。

朱老师是个有恒心的人。有一天，我吃过晚饭后在操场上散步，正好遇到同组的俞老师。由于我才来不久，俞老师问我对新工作的适应情况，他还告诉我要多问，多思，多上课。然后俞老师说，我们组有好几个"宝藏"老师，其中之一就是朱老师。从俞老师那里，我了解到朱老师一直在坚持写日记、锻炼、练字、阅读。我深知坚持做一件事情的难度，尤其朱老师已经坚持二十多年了，更是难能可贵。听到这些，我的内心对朱老师多了一分敬意。

2016年初，学校为了帮助青年教师快速成长，举行了师徒结对仪式。朱老师成了我的师傅。对我而言，这是上天对我的奖赏，因为朱老师之前一直都是实验班班主任，教学成果极为优异，有很多学生考入了985、211大学，其中有几人还考入北京大学或清华大学。

本学期朱老师讲了一堂公开课——《郑人有且买履者》。在听朱老师的公开课之前，我也曾在公开课上讲过这篇课文。当时朱老师去听了我的课，并进行了指导，让我受益匪浅。同样的课程，同样的内容，同样的教学设计，但是朱老师不慌不忙地把整个课堂呈现得行云流水。他将知识点穿插在故事中，娓娓道来，台下的学生始终全神贯注，课堂效果非常好。我在内心里，对朱老师的积淀和课堂表现能力佩服得五体投地。

朱老师当班主任也当得非常出色。他从教三十余年，当了二十八年的班主任，在班级管理上很有自己的想法。2015年高考，来自高三（15）班的倪同学考上了北京大学，她就是朱老师班上的学生。而且在朱老师的管理下，这个班级的所有人都考上了本科，这样的成绩至今难以被超越。他早读课上开展"文学早餐"活动，让学生在早读课上品读诗词和美文，扩展知识与视野，坚持了三十年，让所有学生都获益匪浅。

在师徒结对仪式上，朱老师送了我两本魏书生的书：《教学工作漫谈》和《班主任工作漫谈》。朱老师告诉我，做好教学工作和班主任工作，不仅要实践，而且要积累理论知识。

朱老师也是一位乐观真实的人。他展示出来的一直都是他真实的样子，不矫揉，不造作。工作和生活中，朱老师也有很多无奈，也经常遇到不开心的事，但是他总是将困难和不快化作一个笑话，一笑了之，然后说："我们毕竟是书生啊，不要和他们争。"我在想，或许是朱老师豁达的心态才让他活得这般洒脱，才没有让世俗之事污染他纯洁的内心吧。

朱老师的身体不太好。前段时间检查，他的血糖很高，胃部也出现了出血症状。我听到这些，心里很不是滋味，只希望朱老师健健康康，快快乐乐，这样就够了。

朱老师就是这样的一个人，一个儒雅、绅士、知识渊博、做事持之以恒的书生……

孤独的行者——微信的故事

使用微信已经成为很多人的习惯。微信的很多功能，如聊天、发文件、转账、抢红包，已经成为很多人生活的一部分。没有了微信，一些人的生活肯定会成为另一个模样。

可是，又有多少人能够真正理解微信被发明的初衷和内涵呢?

微信的创始人张小龙说："人是越来越懒的，懒会推动科技进步，这种懒会导致我们希望沟通更简单一点。"是啊，当今社会生活节奏飞快，信息爆炸，人们接收到的信息前所未有得多，人变得越来越忙碌，事情越来越多。人们沟通的欲望越来越低，沟通成了一个问题，微信创立的初衷便是让沟通变得简单。

微信的开屏画面是一个面对蓝色星球（地球）的孤独背影，这个背影看起来是那么渺小，他站在地球之外的另一个星球上，守望着地球。很多人对这个开屏画面习以为常，却从未思考过画面如此设计的缘由。

它的灵感来源于一张真实的照片。1972 年 12 月 7 日，阿波罗 17号宇宙飞船上的三名宇航员用照相机拍下了一张完整的地球照片。从29000 公里之外凝望地球，地球就像一颗蓝色的弹珠，因此，这张照片被人们称为《蓝色弹珠》。

微信为什么将地球照片和一个人排列在一起，作为应用的打开画面呢？

张小龙认为，每个人的内心都是孤独的，就像站在万里之外的太空中，远离热闹喧嚣的人群，静观纷繁复杂的大千世界。

如今，微信改变了大多数人的生活，人们都沉浸在微信沟通的便利和快捷之中，却很少有人认识到微信背后的故事。

我们都一样，一样的孤独，一样的不善言辞。那个远在地球之外的孤独人影，不正是我们自己吗？

永远走在回家的路上

春节的脚步越来越近，春运大幕缓缓拉开。这是全球每年最大规模的人口流动，人们从各地出发，奔向一个目的地——家。

在路上匆匆赶路的行人，他们提着大包小包，心里都萦绕着一句话——回家过年！

我也不例外。

大雪，推迟了我回家的脚步，但阻止不了我归家的心。回到家已是2月初，虽然和自己的预期相比有些迟，但回到家，心中的乌云早已消散。

在家，无非就是跟亲友吃吃饭、喝喝茶、聊聊天、叙叙旧，日子平淡而琐碎，宁静而和谐。一家人一起吃饭时，我吃着母亲做的菜，听爸妈聊着家中的琐事，听他们相互揭短，顺便让我评理，就感到无比幸福，也倍感踏实。

一转眼，春节的假期临近尾声，催促着我离乡的脚步。每到离开的前一晚，我总是辗转难眠。父母、自己的小家和工作，这一切像一张大网，把我紧紧地粘在中间，让我在生活中不能轻举妄动，把我和身边的人紧紧连在一起。

临行的那天，起床铃声响起，我起来洗漱，而父母已在为我准备早饭。我说吃不下，不要做了，如果饿了，在路上随便买点东西吃就行。父亲不顾我的推辞，催促母亲赶紧去做。母亲已经在厨房点起了灶火，在锅边忙碌，为我下了鸡蛋面。从我上大学开始，只要我离家，这样的场景就总会上演。看到这一幕，我的眼中含满了泪水，我使劲忍住，不想让他们看见。我不敢说话，我害怕我一说话，那眼中的泪就止不住地流。

吃完面条，我带着行李，踏上离家的路。离别的那一刻，我不敢看父亲和母亲，更不敢看他们的眼睛，只是扭过头，含着泪，又开始一年的牵挂。

家乡的生活，虽然平淡，但一家人团聚的时刻，仍然幸福。

他乡总是容不下渴望安稳的灵魂，家乡却又安放不了肉身。我想，正因为肉体和灵魂互相撕扯，工作和家庭总在纠缠，我们永远都走在回家的路上。

最难是别离，却奈何离别太多。无论，家有多远……

但问耕耘　莫问收获

　　我始终不敢相信事情就那样发生了，尽管它已经成为一个事实。从父亲那里听到消息的那一刻，我的内心就开始颤抖，悲伤在心底翻滚。我不断地跟身边同学确认，希望那是一个闹剧，是一个错误，可结果就是这样残忍，不让我有任何的幻想。

　　即将来到世间的小生命，因羊水中毒，和母亲一起双双离去。这件事，就发生在我的好友苏金波身上，我替他感到深深的悲伤。

　　怎么会发生这样的事情？他们一家人都在准备着迎接这个小生命的到来，都在期待着、盼望着这个小生命。一个小小的家庭才刚刚起步，就突然崩塌。为什么会这样？无数个疑问在我的内心涌动、翻滚……

　　金波从幸福的山峰坠入了遗憾的深渊。他美丽、贤惠的妻子和还未降临的小生命已永远地离开了这个世界，留下一生都在悔恨的他。再多的遗憾，再深的后悔又能怎样呢？再也回不去，一切都无济于事。

　　就像他在社交平台说的那样，这是一生的遗憾。

　　此刻，我的脑海里都是关于金波的画面。我在想，上次见面，那时的他，健谈、阳光、帅气。也不知道历经这般劫难之后，他怎么样了。

　　我跟金波是发小，他父亲是我的老师，他比我高一届，学习优异，正直、善良。每次去外婆家，经过他家门口，父母总要和他的父母聊上几句。那时候，我很害怕经过他家门口，和他，也是若即若离。高中时，因为复读，我们成了同班同学。因为我们是本家，而且离得很近，在陌生的环境里，我们的关系变好了。我们经常一起讨论地理题、数学题，周末一起乘车回家……上了大学之后，只要一放假，他就来我家玩。我们一起聊生活，聊考试，聊现实。那时的他很健谈，视野很宽，也有自己的想法。经历过这般生离死别，不知道他是否一蹶不振，就此消沉。

我不敢给他打电话安慰他，怕勾起他内心的悲痛。只求生者安好，逝者安息。

去年年底回家，父亲去他家附近有事，正好看到他在门口看书，就告诉他我也在家，让他来我家玩。他几经推辞，终于来了。看到他的那一刻，我心中的那道坎终于迈过去了。

那天，我们聊了很久，也聊了很多。他可能不想让我为他担心，说了很多他最近的状态。他说他现在时间很紧张，一般不去别人家玩，不是必须要做的事情一律都拒绝。他觉得以前浪费了太多时间在无用的社交上面，而现在每天都过得很充实。这两年，他每天都在阅读，已经阅读了50多本书，听了2000多小时的听书课程。那些我听过的世界文学名著，他基本上都已经阅读或正在阅读。除了文学，他还涉猎经济学，读洛克菲勒的书；学习哲学，研究苏格拉底、柏拉图、亚里士多德、卢梭、伏尔泰、尼采、叔本华、黑格尔等人的思想。听了他说的这些，让我这个研究生都感到汗颜。

他说，每本伟大作品的背后都有一个伟大的灵魂，学习之后才知道了自己的无知；他现在最缺的就是时间，他要把一切都交给时间、交给生活。

现实伤害了他，却没有打倒他，反而让他更加强大。他说，从23

岁到 30 岁，他终于认识到了生活的意义，并找到了自己人生的目标，那就是：既往不恋，未来不迎，活在当下。

反观当下，社会太浮躁，人们急功近利，急于求成，渴望早日功成名就，以为这就是生命的意义。其实，生命的意义就是没有意义，就是活在当下，就是做好自己。

他说，但问耕耘，莫问收获。这句话蕴含了深厚的人生哲理。不论做什么事，都要像种地一样，不能什么都没有做，就想着收获多少。另外一层含义就是，人生的意义在于过程，而不在于结果，丢掉功利之心，就会享受人生追求的乐趣。

因为耕耘了，自然有收获！

教育需要重视过程

最近几天，中考成绩出来了，我看到两份成绩单，一份是我表弟的，一份是我老师的孩子的。这两份成绩单分数悬殊得惊人，给我的冲击很大，对我的触动很深。

我的表弟是我姑姑家的小孩，在家是老小。由于姑父有重男轻女的思想，所以家里的大小事务都由表妹做，表弟则坐享其成，衣来伸手饭来张口。他从小就是家中的"小王子"，家里人都宠着他，护着他，只要他一哭闹，所有人都得让着他，他提出的所有要求姑姑都会满足。作为亲戚的我，虽看不下去，也不方便多说。

印象最深的是表弟做寒暑假作业。我和弟弟在返校之前总会去姑姑家看看，到了他们家，我们都会关心表弟的作业有没有完成。表弟平时只顾着玩，一到开学就慌了，因为学校要查寒暑假作业，而他所有的作业都没有写，基本上一字未动。虽然我想陪着他写，但是表弟站在一旁，情绪虽然低落，却并没有要坐下来做作业的想法。就这样僵持几回，我也就作罢。

两个差不多大的孩子，中考分数大相径庭，家庭教育是否到位自然是很大的一个区别因素。

姑姑和姑父很少过问表弟的学习，所谓的管理也就是问他作业有没有写，然后就没有下文了。他们总是忙着自己的事情，从来也没有陪表弟做过作业。亲戚朋友有时会劝说，他们也只是表现出一副无可奈何的样子。久而久之，表弟也养成了贪玩的性格，成为老师眼中的问题学生。

反观我的老师，从小就陪着孩子，关注孩子的成长，帮助孩子养成良好的学习习惯，密切关注孩子在学校的情况。在品德的培育方面也是如此，在孩子小的时候教给她基本礼仪，让她在生活中讲原则，有底线。犯错误了父母也不袒护，直接面对问题。在考试中，获得高分就是水到渠成。

两个孩子，两个家庭，两个成长环境，折射出不同的教育方法。

很多时候，人们只看重结果，但是教育更应该看重过程。没有一个良好的学习过程，肯定没有一个好的学习效果。平时不关注过程，结果出来的时候，把孩子暴打一顿，这又有什么用呢？

我之前也遇到过很多这样的家长——平时从来不关心孩子的学习，一直在外打工，从来不管孩子。他们把对孩子的关心简单地理解为问孩子有没有钱。等到考试成绩出来的时候，发现和心理预期相差太大，他们便无法接受，于是怒火中烧，把孩子狠狠地批评一顿，或打一顿，企图一劳永逸，以为一次努力、一次关心就可以让孩子成人成才。

可现实并不是这样。哪能播种了就会收获，哪有一劳永逸的美事？

种田需要灌溉、施肥、除虫等步骤，人的成长更是一个长期而复杂的过程。希望那些自己平时不管不问，把管理和教育孩子的责任全部交给老师的家长，多关心、多陪伴孩子。

语文是生命的学科

昨天上午给学生讲习题，其中有一道补写试题，题的内容是现代生物技术的发展。题目不太难，答案也简单，我引导学生联系上下文，结合文意，理清句子之间的逻辑关系，答案也就自然而然地出来了。

刚刚讲完，我脑海里出现的都是现代生物医药发展的脉络，特别是现代医学技术的发展，如器官移植技术的出现等。

其实，中国古代就有了医学相关的种种尝试。其中，最吸引我的是道家的"炼丹术"。很多人都知道，古人炼丹是为了"长生"，或是修炼为"神仙"。除了道士和术士，很多皇帝也沉迷于此。历史上有很多追求长生的皇帝，他们求仙草、炼仙丹，其目的都是让自己长生不老。

生命的延长，并不是现代才有的思考，我们的祖先在几千年之前就开始思考这一伟大而永恒的命题了。只不过，他们炼出的"仙丹"含有大量的重金属，吃下这些"仙丹"，不仅不能延长生命，反而服下了慢性毒药。现在想来，古代那些人为了羽化升天而付出一切的精神真是值得佩服！皇帝刚刚坐上皇位就让别人称自己为"万岁"，却没有任何一位皇帝活到现在。高高在上的皇帝也是普普通通的肉身！

当然，古代"炼丹术"和现代医药技术关注的都是肉身。身体是非常重要的。经常有人用1和0的关系来比喻身体的重要性：在数字中，如果没有了前面代表身体的"1"，后面代表家庭、事业的"0"再多也没有任何意义。

确实如此！没有一个良好的身体和健康的体魄，其他的都是空谈。但是有了一个良好的身体，作为一个人，我们就该关注思想和灵魂。一个人如果有了良好的身体和健康的体魄而去不思考，那无异于行尸走肉。更何况，还有那么多身体条件很差的人都在努力地思考，用灵魂去感受世界，用心灵去沟通。

语文就是这样的学科，关注生命，关注心灵，关注精神世界。也正是由于这样的学科属性，在上课的时候，我总是让学生多阅读，多用心去体会，多联系生活实际，从生活中的小事、琐事中体悟生命，感悟生活！

或许他们现在不明白我的用心，等到他们逐渐长大，就慢慢懂了。

把假期还给孩子

终于放假了！我也像学生一样激动。

其实，8号我们就应该放假的，可是，学校却把假期拖到了18号。学生们虽然不高兴，但迫于父母和同伴的压力，他们仍然坚持上学。人是来了，但是他们对假期的期待却从未停止，各种情绪弥漫在教室中。上课走神、开小差、窃窃私语、看闲书、玩纸牌甚至是用手机玩游戏的学生比比皆是，这些我是知道的。

哪有学生不喜欢放假的？学生最期待的事情应该就是放假。假期里不仅没有那么多的家庭作业和厚厚的试卷，还可以找同学玩，父母也不会拿学习这件事当作紧箍咒，在耳边碎碎念，更可以在父母的默许之下看电视、玩手机……

学生时代，我也最喜欢放假。放假回家除了帮爸妈做家务、干农活，就是看电视、钓鱼，这些事情填满了我学生时代的日子。在假期里和父母一起劳动，让我体会到生活的不易和艰辛，让我在学校里充满了学习的动力。每当学习累了的时候，我就会想到面朝黄土背朝天、含辛茹苦的父母，心中便立刻充满了力量，浮躁的内心顿时获得宁静。

其实本来就应该是这样！把假期还给学生，让他们自己去体验生活，去感受生活的不易和艰辛，这比在教室里进行空洞的说教有效得多。

玩是孩子的天性，玩应该成为他们生活的一部分，也成为他们成长的一部分。可是现在，我们打着努力学习、为复习争取时间的大旗，把假期最大限度地压缩，高二、高三年级甚至没有一个完整的双休日。年轻的、渴望飞翔的心被硬生生地束缚在教室，无法翱翔。人是自然中的人，是活生生的人，学习是必需的，也是必要的，但是也要让他们和生活联系在一起，把"劳"和"逸"相结合。

　　其实我自己也需要假期。今年上半年，我只在五一劳动节和端午节休了两天（国家规定的是三天），其余的时间都只休息了一天半。虽说有一天半的假期，但是周日我总要陪学生上晚自习，周日的白天我也过得不踏实，不敢外出。不知不觉地，我好像和社会脱节了，视野只限于校园，活动范围也只在校园。

　　要教好一名学生，老师自己肯定要是一个思想健全、心态积极的人。一个思想不健全且整天忧郁的老师怎么能让学生轻松地应对生活的困难，怎么能教会学生快乐地生活呢？

　　把假期还给孩子们吧！

我们能放下手机多久？

你能一天不使用手机和网络吗？

不行。

十个小时呢？

不行。

那一个小时呢？

也不行。

这个简短的对话反映出手机和网络对现代人生活的影响。现在，互联网已经到了普通百姓的家中，人们的生活、工作和学习都已经和网络密切地联系在一起。特别是最近十年，因为互联网技术的进步、互联网终端的快速发展，手机、电脑等电子产品的作用和功能愈发多样化，它们已不仅仅是简单的工具，或者是获取和接受信息的渠道。这些电子产品的功能多，应用范围广，几乎人们的所有需求和情绪都可以通过这些媒介表现出来，你想要的或者在现实中欠缺的几乎都可以在互联网所构建的虚拟世界中实现。

很多年之前，社会上就已经出现了机器人或人工智能对人的控制的讨论。当然，由于机器人或人工智能的智能程度有所欠缺，不会真的控制人，但我们仍面临着这样的问题：患上网络依赖症或手机依赖症的人比比皆是，有些人似乎一刻也不能离开手机，一刻也不能离开网络。没有了网络和手机，我们的生活会怎样？

昨天送学生去实习，实习的地点在方兴大道和习友路交叉口。与其说是交叉口，还不如说是路的尽头，因为这里除了在建的厂房、道路和工人，其他空空如也，更别说公交车或出租车了，用荒无人烟、鸟不拉屎来形容也不为过，哪怕坐私家车到最近的公交站也要半个多小时。

这里离市区非常远，信号也极不稳定，要打电话必须到特定的地点才可以找到信号。我站在楼下打了几个电话，全都无法接通……

同学们到达之后，迅速地找到自己的宿舍，然后铺床、整理衣物、熟悉周围的环境……

安顿好之后，他们想要寻找娱乐设施和娱乐场所，结果发现周边没有网吧，没有商店，连手机的 4G 网络都无法正常使用……随后，他们用语言和表情在工作群里表达着愤怒和无奈……

我太理解了。

在送学生去实习的大巴车上，我认真观察他们在干些什么。有些人在睡觉，有相当一部分学生在玩游戏，有的在看视频，有的在听音乐……总之，除了睡觉的学生，其他的人做的事情都和手机有关。

没有了手机，没有了网络，他们的生活被全部打乱了。

前些天，我在网上发现一组有趣的漫画：一个人吃饭时碗里放着一部手机，上厕所的时候眼睛盯着手机，睡觉时肚脐连着手机……这幅漫画极其形象地把手机和现代人之间的紧密关系呈现了出来。手机已慢慢渗透到人们生活中的每一个细节里。

手机，它小而轻便，联上网络，几乎所有的信息都唾手可得，确实给生活带来了极大的便利。但是，它是一把双刃剑，也带来了严重的负面影响。

　　人们频繁地使用手机，渐渐地对手机产生依赖，对网络产生依赖，对游戏也产生依赖，逐渐丢失了自己。离开了这些，他们中的一些人会感到空前的空虚、无聊，只有见到手机才会精神抖擞，才能感到踏实和安全！

　　一起吃饭时，虽坐在同一张桌子上，但每个人都沉浸在虚拟的世界里。他们不和近在咫尺的人聊天，却要通过网络和相隔万里的人沟通。近在咫尺，却无言以对，相隔万里，却有千言万语……人际关系越来越差，人和人之间越来越冷漠……

　　手机是一种工具，而人却在被手机"奴役"……

开学季的回想

　　昨天网络一直连接不上，学校又有急事，需要用网络传输。我的内心焦躁不安，但只能接受。生活也许就是如此，期待的事情未必都能如愿，所以得学会调整自己的心态，学会去接受困难，学会接纳挫折，学会包容问题。没有了网络，我只能向学校解释原因，推迟发送文件的时间。随后，我就看看书，看场电影，调整一下情绪。

　　八月结束，九月就来了。沉寂两个月的校园又开始沸腾了，到处洋溢着青春的气息，像路边绽放的紫薇花，令人愉悦。

　　这是一个新的开始。学生永远是校园里的主角，若干年前我也是校园的主角，我曾是一名小学生、一名中学生、一名大学生、一名研究生……每个时期，我对开学的心态都会发生新的变化。

　　中学时，开学最担心的是假期作业，因为平时我除了帮家里忙家务就只想着和同龄人玩，根本没有时间写作业。我是一个地道的"放牛娃"，假期里做得最多的一件事就是放牛。我拥有很长的"放牛史"，从小学就开始放牛了。小学时一群人一起去放牛，牛在吃草的时候，伙伴们都会做起各种各样的游戏。山野长满了杂草，还有山坡，有水坑，有各种颜色各种形状的小石子，有蚂蚁窝，有兔子窝……充满着乐趣。那时候，我总觉得伙伴们特别厉害，他们总会有新奇的主意，让我愉快地度过一个又一个炎热的下午。一群人放一群牛，牛到哪里，我们就跟到哪里，玩到哪里。临近傍晚，牛吃饱了草，我们牵着牛，一路哼着小曲，漫步回来。长长的牛群，浩浩荡荡，年少的我们。

上了中学，邻居们开始用机器耕田，都把牛卖了。但是，在我母亲的坚持下，我家仍然养了一头牛，还是用来耕田。母亲的原因有二：其一是牛一直在长，会越来越值钱，而机器会贬值，越来越不值钱；其二是牛更加灵活，有些地方机器去不了，但牛可以去耕作。

养了牛，自然就要放牛。放牛的任务主要落在我身上。牛是动物，每天都需要吃草喝水，所以我每天早上起来的第一件事就是牵着牛去山上吃草。有时我实在太困，起得太晚，耽误了牛吃草的时间，牛就在树下不断绕圈，最后把牵牛的绳索缠得死死的，哞哞地叫。吃饭时间一到，母亲喊我回家，我就捡起牵牛绳，把牛拉回家。如果牛吃草的时间太短，它没有吃饱的话，我根本拉不动。但为了回家吃饭，我总是硬拉着牛鼻子，逼着它放下嘴中的草，跟我一起回家。牛跟我犟，我就拿起棍子打它，牛怕痛，又犟不过我，只好又饿着肚子回来。现在想来我太自私了，只考虑到自己。

高中阶段，村里只有我家还在养牛，我的作业总是很多，因此，放牛对我来说是件非常讨厌的事。虽然我不情愿放牛，但还是得去。父母都务农，家里收入不多，看到劳累的父母，我只有去帮家里做些力所能及的事情，才会心安，才会踏实。

高三的时候，父母说："大学学费那么贵，怎么凑得齐？"父母在我读高三的时候就开始准备我的大学学费了。怎么凑？母亲想到了家里最值钱的东西——我每天放的牛。在高三开学的时候，父母趁着高价卖了那头牛。那天早上，我刚从外面带它吃草回来，回来后，才知道父母已经和牛贩子谈好了价格，从小就在我家养大的牛立即被牛贩子牵走了。讨厌放牛的我在这一刻仿佛得到了解脱，因为以后都不用放牛了，但望着牛极不情愿的神情、后退的步子，听着它昂昂的叫声，心里却很不是滋味。我没有因此感到轻松和快乐，相反，这个离别的情景十多年来反复出现在我的脑海中。

　　假期，除了放牛，当然还有作业。一到开学前夕，我的作业总是还有很多没有完成，于是一阵狂补，头昏脑涨。开学后我将作业交给老师，沉重的心情才得到了释放。现在想起这些，还像发生在昨天一样清晰。

　　开学季，令人难忘。

大学路上　和你们一起成长

　　以为春节已经走远，一看日期，这时还是正月，但我已经工作好几天了，学生今天也正式上课了。下午我找了几拨学生聊了假期生活和接下来的打算，春节的气氛早已在工作的琐碎中烟消云散。

　　晚上回到家，春节期间发生的琐事和与学生沟通的场景在我脑海中相互交织，轮番出现。不知道怎么回事，我想起读研究生的时光。那时我有三位室友，我背靠着周海汀，斜望着徐威，横看着秦龙。写毕业论文的时候，我们总是轮流"值班"，宿舍里总有一个人是清醒着的。我睡了，徐威和秦龙还在黑夜里奋战。他们两个刚刚睡下，天空才破晓，窗外的鸟儿在枝头叽叽喳喳，这时我起来，享受着属于自己的安静，翻开书籍，查阅参考文献，然后敲击着键盘。一个小时后，我去楼下喊上李路平同学，一起去早餐店买上两个香菇菜包，顺便聊聊读书的收获和心得，然后我们回到各自寝室，继续上午的苦熬。快到吃午饭的时候，徐威和秦龙已经醒来，但还没起床，让我帮他们带饭。午饭带回来后，他们开始洗漱。一点左右，我准备午休，他们下床、吃饭，开始新的一天……

　　下午，是我们都清醒着的时间，每个人都坐在电脑前敲打着键盘。这个时间是我们交流的时间，也是我们打扫卫生的时间。四个人分工明确，除了收拾自己的地盘，一人拖地板，一人清洗卫生间，一人倒垃圾，一人扫阳台。

这样的日子周而复始。我们互不干涉，互不影响，又相互促进，即使写论文有些煎熬，也同样享受着快乐。

美好的记忆生长在温暖的南方，时间隔得越久，空间越是遥远，那些岁月越是美好。

我又想到与学生谈话的事。他们很聪明，总是立刻就知道我找他们的原因。

面对他们做错的事情和不正确的观点，我没有责怪他们，更没有生气、发怒，我只和他们说了我自己的感受、态度，分享了我作为过来者的看法：

第一，我们都应该有自己的目标和职业规划，如果没有，那就去寻找。第二，我们都已经成年了，应该对自己的行为负责，对自己有所要求。犯错误、出问题不要紧，这是正常的，但不能无底线地放任自己。第三，新学期，新起点，不要沉浸于过去，不要在同一个地方摔倒两次。

我不喜欢说教，只好分享自己的思考。我也需要不断成长——大学路上，和你们一起成长。

和自己做朋友

　　人活在世上，不能没有朋友。有的人人缘好，朋友特别多；有的人不善交流，但是也有几个能聊天的朋友。不管朋友多或少，每个人都还有一个朋友——自己。

　　和自己做朋友，乍一听，还以为是一个笑话。

　　人都是灵魂和肉体的结合体，在人生的不同阶段，灵魂和肉体的步伐总是不一致的，要么是灵魂走得快，要么是肉体发展得快。正是由于它们之间步调不一致，所以，会有青春的叛逆期……

　　人的灵魂和肉体不是一直和谐的，它们总是矛盾着、斗争着，有的人用灵魂战胜了肉体，所以他们克制了自己的懒惰、不好的习惯与行为，显得积极、有涵养；有的人对肉体放任自流，灵魂对肉体无法约束，不管不问，最终沉沦。

　　只要人活着，灵魂和肉体之间的矛盾就一直存在。我们每个人都会经历、体会，只不过有的人没有意识到罢了。

　　和自己做朋友，其实就是处理好灵魂和肉体的关系，对自己的精神、灵魂要有所要求，不能放任。同时，要敢于面对自己的缺点和问题，不能遇到问题就选择逃避。

　　对自己有没有要求，旁观者一下子就能看出来。宿舍里，总有人晚上通宵打游戏，白天睡觉，黑白颠倒，荒废学业……总在为自己的行为找借口开脱。

当然，也有人做得很好，例如我的几位老师，他们几十年如一日，每天阅读、思考、写日记、锻炼……同样的事情每天都在坚持。这些事，做一天，做一次，很简单，但是坚持下来真的很不容易。他们之所以能够坚持，是因为他们都是对自己有要求的人，都是自己的好朋友。

青年人，更应如此。

生活是一道半命题作文

一旦有空，我就会写作。这是给自己的一点压力，让自己不能懒惰，同时，让自己在写作中反思，让自己不断进步。

其实，每天正式动笔之前，我总是要经历一段很长的思想斗争。各种想法在脑海里翻滚、起伏。与其说不知道如何组织语言，还不如说不知道要写什么，如何写。所以，在写的过程中，我经常会出现写了删，删了又重新写的痛苦过程。

我的体验，令我想起了学生写话题作文和任务驱动型作文时的场景。学生拿到作文材料，焦头烂额，愁眉苦脸，在座椅上如坐针毡，左瞅瞅，右看看，刚拟好大纲，却又划了重写……因为既定材料的多义性，让他们在写和写不出之间徘徊。如果没有扎实的功力，很难在材料和主题之间找到一个完美的平衡点。

究其原因，是由于材料切入的角度多而且内容多义，学生很难去把握材料真正的内涵。也正是这样，写作才能真正体现一名学生的解题能力、阅读能力和表达能力。

相对于当下流行的话题作文、材料作文、任务驱动型作文和漫画作文这几类发散性极强的作文类型，义务教育阶段的仿写类作文、命题作文和半命题作文就简单太多。之所以简单，是由于写作的内容和主题都已经确定，写作只能围绕已经确定的主题来展开，一旦超出就是跑题。

我每天的状态就如同这些半命题的话题、材料、任务作文，生活给了我限制，让我去落笔。

其实，我们的人生不也是一道道半命题的作文吗？

每个人来自不同的家庭，生下来，性别、父母、亲人、生活环境、生活条件都基本上被确定了，我们的人生就是站在已经确定的主题之上进行书写。我们不断发展自己的兴趣、爱好和特长，学习专业知识，锤炼品德修为……正因每个人书写的内容不一样，世界才会多元，才会呈现出斑斓的色彩。

但是，在教育中，很多家长却在抹去这种个性化的书写。一到暑假，不管孩子喜不喜欢，有没有这方面的天赋，硬是逼着孩子上各种兴趣班，学习各种乐器；高考填志愿，让孩子按照自己的要求填报学校、专业；大学毕业了，父母还要干涉孩子的就业，说这个单位不好，那个单位不行……总之，这些父母总是越俎代庖，替孩子安排好一切，打着"爱"的旗号，做着伤害孩子成长的事情，让每一个孩子的半命题作文活生生地变成了命题作文，最后，只能是离题万里。

难以言表

我们常有这样的体验：时隔几年，或者隔一段时间，重回自己熟悉的地方，像是母校或者家乡，总会有种陌生感，觉得这次的感觉和记忆中的感觉不一样，发出物是人非的感慨。

像这样的时刻有太多，而这种感觉，看不见，又摸不着，所以不确定，很难把握。我常受其困扰，这种想不通却又经常在脑海里出现的感觉，实在是让人烦恼。

重回自己熟悉的地方，望着一草一木，看着高大雄伟的建筑、熟悉的地板、国旗、显示屏……我清楚地知晓，我曾经就生活在这个地方。太阳开始落山，天空的云朵层层涌起，被染得通红。天色变暗，夜晚袭来，熙熙攘攘的人群，在黑夜里涌动。我独自漫步，想着曾经生活的点滴，一阵自由畅快。

一切还是这样熟悉，我想向它靠近，但又不自觉地驻足、凝视，内心涌起一股强烈的声音：这地方已经不属于你了。

是啊，所有的一切都没有改变，但我在心理上不自觉地对它产生了距离感和陌生感。

感觉是感性的，是柔的，更是美的。但是，现在这些感性的感觉却渐渐被理性吞噬。

抬眼一看，人心渐渐远去，人情越来越冷漠。曾经柔软的心灵逐渐变得僵硬，人情往来越来越理智、功利。

　　这感觉难以言表。

最美的年华

    乌云从天边袭来，天空顿时阴沉起来。狂风四起，枯死的树叶迅速飘落，在地上聚集，汽车飞驰而过时，它们在地面不断翻滚。马路边，人们行色匆匆，迈着匆忙的脚步。不一会，天空中就落下黄豆大的雨点，砸到地面，溅起水花。雨水在地面迅速汇聚，向低处奔流。天空已暗下来，闪电发出如刀一般锋利的光束，划破暗沉的夜空，照亮受惊的人，像恐怖电影里的惊悚画面，令人胆寒。

    如果不是晚上要参加学生们的座谈会，我早就把自己关在家，也不会看到这样恐怖的画面了。

    每次收到学生们的邀请，我总是很开心，也很乐意参加他们的活动。被他们邀请，我有种成就感和幸福感。每次参加他们的活动，我都觉得内容是次要的，我更在意的是他们活动的过程（他们可能比较在意内容，有好的内容才叫我去）。因为，在活动的过程中，我不仅看到了他们的内容，也看到了他们的成长，感受到了他们的活力和青春。

    每当此时，我都会由衷地羡慕他们。羡慕他们热血的青春年华，羡慕他们朦胧而迷茫的心态，羡慕他们对未来懵懂而又期盼的眼神，羡慕他们青涩而紧张的表情……

    活动中，他们一个接一个走上讲台，展示着精美的演示文档，说着自己的态度、理解。其中也许有一些不成熟的观点，但更多的是对职业的期盼，对未来的期待……

他们看似一无所有，却又拥有着一切。这些稚嫩的面庞，迷茫而又热情，让人不禁感叹：这，就是最美的年华。

两副面孔

镁光灯下，他们精致的面孔十分迷人，看起来没有任何瑕疵和斑点；舞台上，他们穿着华丽而精美的服装，在红毯上信步，举手投足就能引起粉丝们的阵阵尖叫。他们是明星，有着光鲜的外表，拥有大多数人不可企及的物质财富和极高的社会关注度。他们走到任何一个地方，都会掀起一阵人潮，引发一起狂欢。

除了这些影视明星，其他的公众人物也是如此。他们出现的时候，总是呈现出光鲜亮丽的姿态。

其实，他们是否只有这一面呢？

我想，未必都是这样。他们有的人表里如一，公开场合中，他正直、积极、睿智，私下里也是如此。这样的人不管在任何时候，都值得他人的尊重。但是有的公众人物就不是这样了。公开场合，呈现给群众的是积极、正直、帅气……但是，这都是表演。私底下，他们才会露出真面目，很多行为令人不齿。最近几年，娱乐圈里这样的例子太多了。

当然，明星离我们普通人的生活毕竟太过遥远。对追星，我一直是持不主动追求也不排斥的旁观者态度。有些真性情、正直、积极向上、不矫揉、不造作、表里如一的公众人物我也很尊敬，也很喜欢他们的作品。

人都有两面性。公众人物如此，我们亦如此。

在面对别人的时候，有的人能把私下里那个真实的自己示人，做到表里如一，这样的人值得佩服。但是，更多的时候，有些人呈现出了两个不同的自己，也就是通常说的"两面人"。在人前，他们积极、阳光、极善于迎合；而在背后，说不定就在咒骂着，做着不能示人的勾当……

这样的人太多，以至于我们很难分清真实和虚伪，正直和狡黠，善良和罪恶……

进步之殇

2001 年，我们组安装了第一台座机；2005 年，我家买了第一部手机；2022 年，人手一部智能手机……

近二十年来，我们能明显地感觉到科技在进步，新的、高级的电子产品不断涌现。以音乐播放器为例，从磁带，到 CD 播放机、MP3、MP4，到现在的手机，不断有产品出现。它们充斥着市场，激烈的竞争让电子产品的价格不断下降，也越来越普及。上到中老年，下到中小学生，几乎每个人都随时携带着以智能手机为代表的电子产品。

电子产品不断进化，呈现出多功能、智能化、便捷的特点。它们的功能越来越强大，除了收发短信、拨打或接听电话、数字音视频播放之外，还提供各种软件的下载，为工作、娱乐提供了极大的便利。只要打开搜索引擎，输入关键词，就能找到自己想要的内容。

进入大数据时代，数据空前庞大，信息繁杂，海量的信息如潮水般涌入我们的生活，人们还没做好充分的准备，纷繁复杂的信息就铺天盖地地袭来。搜索引擎一方面给我们带来了便利，另一方面也逐渐改变着我们的思维习惯和思维方式。以前要在厚厚的纸质书籍中查找想要的素材，而今，只需要轻松输入关键词，按下搜索键，马上就会出现成千上万条结果。人是会偷懒的，这样简单的操作就可以获得想要的信息，那为什么还要在纸质图书中进行效率很低的查找呢？久而久之，他们放弃了传统的纸质书籍阅读，所以，现在看纸质书籍的人越来越少。

这怪不得他们。

当下时髦的游戏 APP、短视频 APP 等，更进一步冲击着传统的思维。

手机智能化，配合互联网，让每个拥有手机的人都可以成为信息的发布者，他们挑战着传统话语权，随时随地更新着信息。这就是自媒体时代。

自媒体时代，特别是各种短视频 APP 出现了之后，人人都是生活的主角，他们导演着自己的生活。各行各业的人集中在网络上，他们相互窥视，相互吹捧，相互分享，信息传播变得更容易，让人轻松地获得满足。

这么简单就可以获得满足，那为什么还要集中注意力去思考呢？

智能化时代，让沟通变得简单，也降低了满足感的阈值，消磨着理性的思维。人们无法长时间集中注意力，对知识浅尝辄止；学习时遇到困难，注意力就迅速转移，不会对某个问题进行深入而长久的思考。久而久之，人们的目光变得短浅、功利、肤浅。

遗憾也是一种美

对一个资深老球迷而言，2017 年无疑是重要的一年。在前几年的这个时间，以往几个赛季的季后赛名单早早就确定了，与它们相比，本赛季不到最后一刻，名单上都笼罩着疑云。西部联盟中从第三名到第八名都厮杀得难解难分：波特兰开拓者队和犹他爵士队直接对话，抢占西部第三名；新奥尔良鹈鹕队、圣安东尼奥马刺队和俄克拉荷马雷霆队竞争最后排名，今天"抢八"的这场比赛更是生死战。最终，明尼苏达森林狼队经过加时苦战，险胜丹佛掘金队，夺得西部最后一个季后赛名额。这也是森林狼自 2004 年以来首次杀出重围。

激烈的竞争，紧张的氛围，让屏幕前的我手发抖，心跳加速。我既希望森林狼队赢，又不希望掘金队输。像大多数球迷一样，我渴望能看到精彩的比赛，想看到某个球星在关键时刻的出色表现，又不希望支持的球队被淘汰，内心无比纠结而又充满矛盾。

森林狼队和掘金队，每位球员都渴望胜利，都渴望进入季后赛。他们尽力去得分，又全力去防守，积极拼抢篮板。常规时间没有决出胜负，他们拖着疲惫的身体在加时赛中奋战，使出浑身解数，争取得分。但，很无奈，胜利者总是只有一个，我替失败的队伍感到遗憾。

漫长的赛季，82 场比赛，长达半年的赛程，根据战绩排名，产生东西部 8 支种子队。他们从一开始就要相互厮杀，慢慢积累自己的胜场数。

从揭幕战到收官日，我和这些球队在比赛中一起浮沉，为支持的球队取得胜利而高兴，也为他们的失利感到可惜，为他们的进球拍案叫好，更对喜爱的球星的精彩表现大呼过瘾，特别是超级周末，让我的生活变得丰富而精彩。

转眼间，82 场比赛告一段落，常规赛正式收官，没有进入八强的球队开启了假期模式，他们可以去迈阿密金色的沙滩上晒太阳或者去西班牙钓鱼了……

影响战绩的因素太多，球星的健康，阵容的深度，教练的执教理念、能力等都直接影响球队的战斗力。即使我们再怎么渴望失利的球队能够进入季后赛（如今天的掘金队），也是痴人说梦，根本不可能。因为规则就是规则，不会因为我的意愿产生改变。对那些早早就放假的球队而言，他们这个赛季并不一定是失败的，但在季后赛的舞台上，没有他们的身影，球迷肯定是遗憾的。

现实，不也是如此吗？

每次评奖评优，每个班级只有几个名额。由于名额有限，优秀的学生又太多，总有一些同学和荣誉擦肩而过。所以，我总替那些与荣誉失之交臂的同学感到可惜。这时，我总是小心翼翼地安慰他们，如履薄冰地评选着各种各样的荣誉，生怕做得不够规范，给学生留下遗憾。

世上根本就没有完美的东西，看完今天的比赛，我更加坚信这一点。因为遗憾，本就是一种美。

四位退休教师

　　2018年的一天下午，学院有例会，我没有看到朱仁义书记的身影，心里顿时一紧，隐约感觉到朱书记是真的要退休了。不一会，杨汉生院长的话证实了我的猜测，彻底击碎了我的期待。前不久，学校安排朱书记外出学习一周，我原以为朱书记没有来是因为还在外面学习，现在事实已摆在眼前，只能接受。只是还未来得及正式的告别，朱书记就已离开，让我的心底感到一阵遗憾。

　　其实，关于朱书记退休的事，我们都是知道的。在四月初的学院例会上，杨院长就提过此事，朱书记也在会上说了一些感谢的话。无论是新入职的教师还是老教师，都对朱书记的话致以热烈的掌声。自那次会议以后，朱书记还像往常一样上班，依然给我们布置工作。我一直以为他要到本学期期末才退休，以为还可以在他的带领下继续工作。

　　和朱书记初次见面，还是2017年6月28日报到的时候。那天，我调好课，抽了上午的空当，骑着电动车，到人事处报到。办理好入职手续，才知道自己被分在机电学院。在赵子翔科长的指引下，我来到致知楼二楼，找到了朱书记的办公室。朱书记热情地接待了我，还带我到杨院长那里去报到，并让陈浩老师把我拉到学院的工作群里。

　　回忆总是美好，离别才知道珍惜，总是到离别的时候就想起相处时的点点滴滴。转眼间，我来到学院快一年了。在这一年的时间里，我对朱书记渐渐熟悉，他的为人就像他的名字一样，仁义。在平时的工作中，他亲切、随和、平易近人，如同我们这些年轻老师的长辈一样，总是语重心长地告诫我们，耐心地指导我们开展工作。

我看着紧闭的办公室大门，黑洞洞的门板在明亮的走廊上，显得格外刺目……我觉得生活中少了点什么，但又说不清，脑海里便想起近两年来一起朝夕相处，后来又退休的几位教师。

第一位是我的岳父。他是 2016 年退休的，退休之前，他是工会主席，再往前是学校校长。他曾担任校长职务很多年。他天生善于协调各种关系，不仅把工作上的各种事情处理得很好，而且把整个大家族的关系经营得十分和谐，让整个家族和睦团结。

他做事严谨、迅速而且守时。我们在家的时候，他会做好全家人的早饭。除了稀饭、米饭（有时候下面条），每人还有一个水煮蛋，并会为我们剥好。早饭准备好，他就去外面散步，顺便等我们起床。饭后，他就去忙自己的事情。午饭，如果没有应酬，他就在家吃，吃完午饭，他都要休息一小时。晚饭过后，漱一下口，出去散步，然后回来看新闻联播。这是他保持多年的习惯，雷打不动。他的生活就是这样，几十年如一日，井井有条。有人约他吃饭，他只会提前，从不迟到。正因为他对自己很严格，常常让我有种无形的压力——他都已经退休了，还这样严格要求自己（或许是习惯），我对自己又怎敢放松。

第二位是段益明老师。段老师是语文组的元老，也是"镇组之宝"。段老师和戴学武老师被我们称为"玄冥二老"（刘俊生老师语）。段老师是 2017 年上半年退休的。段老师年轻的时候是公认的帅哥，现在年过花甲，也是气质非凡。他的头发从未烫染，仍然大多是黑发，发际线也没有向后移，在这个年龄段已是难得。段老师身材匀称，气色佳，瘦长的脸上总是面色红润。如果不是他退休，我根本不知道他已经六十岁了。他的声音清脆爽朗，说话也很干脆，总是直切问题的要害。段老师不仅课上得好，而且兴趣极为广泛，看比赛、看电影、看书……样样在行。他不仅会看，而且懂得评论，就连买菜、做饭也是如此。他总是能在复杂的做菜程序中提取关键步骤，让我觉得做菜也是一件很简单的事情。怪不得每次吃饭的时候，俞晓松老师都说段老师是好男人，是模范。

我和段老师共事已是一年前的事情了，至今还记得，段老师的办公桌在五楼西边办公室靠窗的位置。他常常在座位上认真地做试卷，不时指出参考答案的错误，偶尔说说自己上课的思路、教学设计等，我总是侧耳倾听，获益良多。没有课而且有球赛的时候，我和段老师经常一起看球，他坐在我的椅子上，我站在他的背后，一起讨论火箭队、雷霆队、骑士队、热火队……分析季后赛的形势。

第三位是戴学武老师。戴老师也是我们的"镇组之宝"，还是我结对帮扶指导教师朱宏文的老师。其实，我和戴老师相处的时间很短暂，仅仅是 2015—2016 这一个学年。那时戴老师坐在朱老师斜对面，王立金老师的旁边。他总是迈着矫健而轻盈的步伐，来也匆匆，去也匆匆，干脆利落。戴老师很瘦，再加上个子很高，像竹竿一样。他发际线已向后移了不少，脸上的颧骨高高地凸起，但丝毫不影响他乐观的生活态度。他总是面带笑容，见到熟悉的人，就扬起手打个招呼，没有任何架子。看待问题也是如此，遇到不公正、不合理的事情，他不像刘老师那样较真，还总是安慰刘老师，要看开点，不要过分较真。

2016 年，戴老师去了高一年级，他的办公桌也搬到了三楼。尽管我们楼上楼下离得很近，但日常工作很忙，跟他见面的次数少了很多。偶尔我见到他，也是在工作的路上，如他的脚步一样，匆匆忙忙，点头打个招呼，就又踏上新的路……

三月份，戴老师退休了。组里几位要好的老师要欢送一下戴老师，请来了段老师，朱老师也发短信通知了我。一群志趣相投的人又坐到了一起，谈天说地，不吐不快。作为资历最浅的人，跟他们在一起，我做得最多的事情是倾听，偶尔说一些不成熟的见解，但他们并不嫌弃。

尽管几位老师没有给我上过课，但他们平时的生活态度、为人处事影响着我，都是我的老师。他们或平和或严谨或睿智或乐观，都给我指引了人生的方向。

时间太快，他们已经离开了工作一线，我只期待他们健康、快乐，退休生活丰富、自在，也希望和他们再见面的时候，情谊如故。

毕业寄语

校园里，到处都是拍毕业照的场景。毕业生穿着各式服装，在镜头前面摆着各种各样的拍照姿势，开心地笑……青春的美好在这一刻被定格。

亲爱的同学们，我在内心无比羡慕你们。若干年前，我也像你们一样，生活在校园里的某个角落，和一群人，度过了四年。四年的光阴中，我低头寻找着未来，像一只蜗牛慢慢地向前爬，并没有感觉到时间流逝的迅速。直到拍毕业照的那一刻，我才发觉大学已经临近尾声，还没来得及好好回忆，就要和同学们各奔东西，说再见了。真的到了分别的时候，四年里的点滴都变成了最美的回忆。

看到你们，就想起学生时代的自己。所以，与其说这篇文章是给你们的寄语，还不如说是对自己青春的留恋和怀念。

你们是我带的第一届毕业生。和你们第一次接触还是去年八月的时候，学院安排我担任惠而浦（中国）股份有限公司的实习带队老师。为了布置工作，8月7日下午，我和你们在慎思楼北楼见面，那是我们第一次正式见面。

大四，已经没有了课程安排，在校的同学都在准备研究生考试，紧张地备考。平时没有重要的事情，我也不去打扰你们复习。九月底，要评定国家助学金和奖学金，由于评审文件、细则和程序调整了，而我对这些尚不熟悉，浪费了你们不少时间，因此导致部分同学对我有点意见。

时间在琐事中慢慢溜走，不带一点声响，平静的生活时不时出现一点小意外，引起我们对时间的好奇。

大雪一场接着一场，温度越来越低，不经意间，一个学期就结束了。没有你们的身影，空荡荡的校园也在沉睡。春风乍起，校园跟着你们的脚步一起苏醒。

实习结束，研究生考试成绩出来，毕业设计开题，自主实习答辩……毕业季的琐事催促着你们离开的脚步。

今天，我通知你们写毕业生鉴定表，把已经就业的同学的信息录入就业派遣系统……下午你们来跟我说，明天准备拍毕业照，然后班级同学之间小聚一下。

你们说，拍毕业照、班级聚会只能安排在这个时间，因为5月26日要毕业设计答辩。第一次答辩有一部分同学没有通过，还得再次修改，进行二次答辩。根据学校安排，毕业生在6月14日和15日之前就得离校了……

时间被琐事占满。

几年前，我和我的学生一起学习蔡元培先生的《就任北京大学校长之演说》。现在我就借用蔡元培先生1917年在北京大学开学典礼上对学生们表达的期望，当作对你们毕业的寄语吧。

一是抱定宗旨。大学已经结束，但人生之路才刚刚开始，希望同学们树立正确的目标，打牢基础，继续学习，始终记住：欲速则不达。

二是砥砺德行。社会浮躁，人心涣散，急功近利之人太多，为蝇头小利不择手段之人也很多。希望同学们始终把做人放在第一位，先做人，后做事，脚踏实地，不求朝夕之效，重视积累，定能成大器。

三是敬爱师友。踏入了社会，或者步入新的高等学府，会认识新的人，要始终保持谦虚学习的态度，他们都值得你尊敬，都值得你学习。最怕的就是只有半桶水，还自以为了不起。不要为自己的小成绩而沾沾自喜，要持续用力，争取更大的进步。

五月，莺飞草长，是欢快的季节；

五月，五味杂陈，是离别的季节；

五月，马不停蹄，是奋进的季节。

时光啊，时光，能不能慢一点，能不能让仓促的青春在琐事中稍作停留……

我们不说再见

一周以来，我转移了"阵地"，把注意力集中在参考文献、创新点、实践和理论意义上……

曾经接受的学术训练早已遗忘，但为了给自己一个交代，我依然每天"沉迷"在枯燥、单调的学术期刊中，像蚯蚓一样在文献里慢慢蠕动。"食物"很难嚼，也很难下咽，所以进度很慢。每到看不下去的时候，总会想起老师的话："每年生产出那么多的学术论文，大多都是为了评职称而写的，有多少论文里有真正的思考和价值，那就不知道了。我已经很久不看那些论文了……"

对于未经训练的人而言，这些旁证、引用、论证等规范总是一种束缚。当然，对于深谙此道的人而言，他们如鱼得水。开头如何引出问题，中间如何分析、证明问题，结尾如何总结，都有一定的规范与格式。他们快速地写，快速地发表，因此，他们的成果很多，评职称自然也很快……

这一周的经历让我想起当年读研期间写论文的煎熬。我和室友一起讨论选题，去图书馆查阅资料，写开题报告……无数个清晨，我坐在电脑前敲打着键盘，试图用五万多字把一个问题说清楚、说透。然而我总是觉得有种无力感，最后只能仓促交卷。

中学的"唯分数论"被人诟病，高校的"五唯"也让人厌恶。"重科研，轻教学"，名教授通常没时间给普通本科生上课，对一些普通教师而言上课也是应付任务，因为评价机制中最重要的是学术成果而不是课上得如何。缺少了课堂效果的要求，教师对上课不太重视也很正常，只要学生来教室就行，至于学生听或不听，就看教师的个人要求了。

所以，有时候我到课堂上巡查，看到的景象让我不忍直视。课堂上，教师和一部分学生之间的状态完全断裂，仿佛有一道天堑横在讲台和课桌之间。教师在手舞足蹈地说着，而有的学生却窃窃私语或沉迷于手机，教师和学生各干各的，互不相干。

一周以来，我的精力主要集中在撰写学术论文上，其他时间就投入大四的学生身上了。他们拍毕业照，毕业聚餐，毕业答辩……随后陆陆续续地离校。伤感的气氛弥漫在校园的各个角落，四年的故事、印记在未来那一刻都将成为过去。之后，校园又归于平静，到处都是静悄悄的，好像一切都没有发生过……

每年都躲不开六月，每个六月都会有一届学生从校园离开，走向未来。这一次，是2018级……

不知不觉，四年大学的时光已经走到了尽头。四年前，青涩的少年们拿着录取通知书，拖着行李箱，怀着激动的心情和对大学的向往，来到大学校园。四年后的今天，他们又要拿着毕业证书和学位证书向母校告别。昨日的兴奋和激动还历历在目，今天，他们迈着沉重的步伐，依依不舍地向母校告别的场景也清晰可见。

四年的日子里，学生们养成了很多习惯。他们习惯了和那帮熟悉的面孔一起去旅行，一起去打球，在操场上呐喊，在课堂上沉默，在寝室里放歌。四年来，习惯了校园里的点点滴滴，习惯了校园生活，习惯了杂乱而温暖的宿舍，习惯了相互争吵的室友……

曾经的热闹和安逸仿佛还在昨日，总以为毕业遥遥无期，转眼就要各奔东西。这一次，是真的要离开了，再一起吃顿饭，再一起疯狂一次……所有的留恋在这一刻像洪水一样没过堤坝，泛滥成灾，不舍的眼泪哗啦啦地流。那些曾经抱怨过的人、很厌烦的事情，在这一刻也变得美好。

可惜时光不能停滞，更不会倒流，只愿我们彼此珍重，愿青春不老，我们不说再见。

又是一年高考时

明天就是 2018 年高考了。

时间总是在不经意间溜走，不留一点痕迹。2017 年我担任监考组长的场景仿佛就在昨天；2016 年高考期间，父母带着一大包粽子来巢湖的画面还在眼前；再往前十年，则是自己坐在阶梯教室里，紧张地备考的场面……

一回首，往事如烟；转眼间，就又是一年。十年来，每年一次的高考，我的身份都不同。我用不同的身份来审视高考，别有一番感受。特别是上个星期五，我高中的数学老师周立农老师来到我的学校接孩子，顿时让我想起自己经历的高三，想起周老师在讲台上书写、演算的场景，那些画面历历在目。

那时候，因为我们班级人数多，上课是在阶梯教室里。教室很大，上课的时候，周老师需要带一个扩音器。上课前，他总是佩戴好扩音器，省去课前"上课，起立，坐下"的仪式，直接提醒我们开始上课。印象中，他总是站得笔直，在黑板上工整地写下解题步骤。有时利用数形结合法来解题，他就把图形画在黑板上，让我们一目了然。周老师是严谨的、严格的，也是严肃的。他上课很少有表情，上课就是上课，从来不跟我们说废话。正因为这样，上他的课我们总是担惊受怕，注意力高度

128

集中，从来不敢松懈，不敢分神。

周老师的严肃和严格取得了很好的成果，我的数学在高考中考了136分。由于考得不错，我至今仍感谢周老师对我的严格要求。见到周老师，他说我们那一届学生是他带的最好的一届，当年高考数学成绩平均分和最高分都是全校第一，考上本科的人数也是全校各个班级中最多的。

高三的紧张、焦虑和压力早已化为时间里的痕迹，看着陪伴我一起起早贪黑的老师白发渐生，步履渐缓，我感动又心疼。还有父母的殷切守望，鼓励着我在无数个黑夜里默默前行……高三，对每个亲历者而言，都不容易。

又是一年高考时。愿那些参加考试的学子调整好自己的心态，不要紧张，坦然面对，认真答题，尽力而为。

高考很重要，但对人生来说并不是最重要的。

高考，对更多的人而言，是一次机会。抓住了机会固然很好，因为跨越了这个门槛就可以接受高等教育，可以登上一个新的台阶。如果没有抓住或者没有考上理想的大学，也不用垂头丧气、心灰意冷，因为人生的路有很多，自考、专升本、读研，或是学习一门技能，都是一种选择。

高考，是一个终点，也是一个起点。媒体的渲染，为高考营造出了一种极为紧张的氛围，给很多学生及家长带来了巨大的压力，学生们在备考过程中投入极大的精力和时间。可是面对同样对人生具有重要作用的大学阶段，情况却大为不同。中学阶段，学生在聚光灯下，时刻被关注，很多同学的学习是在家长的监督之下被动完成。大学阶段强调自主学习，很大一部分同学难以适应，他们像脱缰的野马，不受约束，可能会报复性地玩游戏、放纵……最终陷入了另一个极端。

又是一年高考时，希望各位考生认真做题，发挥出自己的真实水平。希望家长、社会和老师合理看待，不盲从、不跟风，这样，也许会更好。

叶老尚且如此，我辈岂敢松懈

引：2017 年，我曾去暑期社会实践基地看望支教学生，然后探望了留守儿童之家创办人——叶连平。叶连平，男，1928 年生，从 1991 年开始就致力于"助学济困、关爱留守儿童"的事业，将自己的退休金全部花在学校和孩子的身上。2012 年，登上敬业奉献类"中国好人榜"；2019 年 9 月，获得第七届全国道德模范"全国助人为乐模范"奖；2021 年 6 月，被中共中央授予"全国优秀共产党员"称号。

今天上午见到叶连平老人（我更愿意称他为叶老），他正坐在办公桌前手工制作表格。说是办公桌，其实就是他卧室里放东西的桌子，旁边就是他的床。看到我来，叶老连忙招呼我坐下。刚刚坐下，他就跟我说起留守儿童的情况和留守儿童之家的假期安排。他和我交流了一些留守儿童之家存在的问题。如，农村教育本来就薄弱，英语更是这样；志愿者老师批改作业存在疏漏、不严格等问题；八年级的问题学生等。最后，他给了我一封信，让我转交学校。以下为信件内容。

简报

巢湖学院七彩课堂实践支教活动，今年是第五届了，共

12位同学参加。结束了期终考试，同学们立即由冯珂同学率领，于7月15日上午驱车抵达濮陈，并于当天下午举行会议。根据当地的客观条件，结合已经提前申报的学员情况，大家研究了本次活动的总体规划，决定翌日开课，即7月16日，按时授课三周。和往年一样，除去星期日，每天设三节课。考虑到近期气温偏高，为维护学员安全，将时间尽量往早处安排。又鉴于今年的外来学员较多，尤其是远在7公里之外的乌江镇，报名者非常踊跃，所以决定，7点半上课，10点15分放学，两次课间休息各为一刻钟。会上分配了所设四个班的班主任，分发了各班花名册、值日生表和课程表。每个班由我指定设班长、副班长各一名，负责班级的日常事务，如关锁门户、分派值日生，协助班主任的工作。为了照顾道远的同学，一律让他们免做值日，以便避开高温，尽快回家。同时，我们还开辟了一间专用办公室，有空调，供志愿者休憩、工作。

今年住宿安排在濮陈学校老教学楼，按性别设在三楼和四楼，每层开三间客房，每个房间设单人床两张，装有空调，备有冷热水和卫生间。总的来说，与一般宾馆相较，条件逊色，档次低下，连电视都没有，给志愿者带来一些不适。这个改建的招待所，系县人大代表沈兴玉持有，他主动恳求接待，表示只收电费，我基于减轻国家负担考虑，才同意了。记得2017年，我让志愿者们留宿在附近一家宾馆，综合各项收费几近万元，我谨此表示歉意，希望能得到谅解。

这一届参加支教的同学，与去年一样，自理伙食，我能力有限，谈不上给予多少支持。通过大家的努力，设在底层的伙食房草草运作。看到志愿者们那么勤劳朴实，我不由得想到了"延安精神"。这和学院的品德教育是分不开的。

和县教育行政部门不久前下狠心治理有偿家教现象，听说迄今已经处理了四位顶风犯案的教师，他们被革职后开除了。

可能是这种清理家教市场行动的驱动，四处的学员纷至沓来，截至开学前夕，来报名的人数高达164人，正式进班听课的有139人。部分留守儿童趁假期外出省亲，凡是未能归来的，以及没按期参加摸底考试的，一律被劝阻。共设四个班级，按小学一二年级、三四年级、五六年级和初中一二年级设立。除了低年级班尚未接触英语，其余学员全都通过模拟考试，根据语、数、外三门主课的成绩而定。其中，会尤其着重观察英语水平。正如大家所知，基层教育相对薄弱的问题，在英语上表现得格外突出，不乏七年级学员被编入低班的情况，不少八年级学生对英语也是一知半解。

一些经过中考的初三学员数学科目比较薄弱，迫切希求补缺补差，还有两位高一学生提出了补数学课的请求，我通过协商，得到志愿者的首肯，利用下午时间设专题研讨班。考虑到气候因素，4点半上课，到6点结束。这项安排起始的情况不错，参加者有30余位，可是，令人遗憾的是，好景不长，出勤率每况愈下，到后来不得不结束这项活动。至今我们尚未确定是高温所逼、学员畏难，还是我们的教学效果不明显。此问题值得推敲。

有几天下午，进来几个低年级的女生，她们无一例外是出类拔萃的，受授课者指令而来。我持反对意见，认为她们没有必要锦上添花，也不宜揠苗助长，她们若参与课程学习，既非我们的努力方向，也有悖于教育理念。一个叫方颖的，家居甚远，由奶奶驾电瓶车接送，甚为辛苦。因为此女家庭有些特殊情况，所以她备受钟爱；再者，这孩子秉性聪敏，学业优异，完全没有必要"在新衣上打补丁"。主持的志愿者用心良苦，我不否认，只是权衡欠妥，别忘了酷暑蒸人啊。

课程进展基本正常。绝大部分学员做到始终如一，兴致不减。值得关注的是高年级班的人员流失较大，到第三周的星期一，正式退还胸牌退学的已有六例。另外，还有不辞而别的。我在招生的过程中，均发出保证书一纸，需经家长签许。上面列有"保证按时上课"字样，看来，应该更改为"保证坚持上课"才好。纵观其他三个班，虽然略有减员，但人数甚微，有一个学员因母亲患病而辍学，当在情理之中。

总体上，志愿者们是尽职尽责的。作为学长，他们和学员们融合甚佳，都那么热情、耐心。韩宇同学不骄不躁，悉心教导，和孩子们打成一片，还抽暇外出家访，大家可以看到许多他与孩子的亲昵镜头。讲授主课的几位潜心研究教法，英语方面已经摸索到主要症结，抓住薄弱环节施教。数学方面辅以测试，有效提升知识度，还编印讲义，明确了针对性。工艺美术方面、书法方面都立竿见影。在教材选择上，紧扣实际加以安排，例如对《三字经》的辅导，恰好弥补了品德教育的不足，对于提高学员的思想道德水平很有必要。

附带说说，打铁还需本身硬。具有良好的愿望，只是基础，还必须具备过硬的能力。这就要求志愿者们更加奋发，精益求精，继续提升教学水平。在批改作业中，力求严格，一丝不苟，将差错疏失减少到最低限度。我们在树德育人，这可是任重道远的事业啊！

支教将在8月4日结束，5日上午志愿者返回巢湖。我代表全体受惠者向志愿者们表示感谢，在肯定他们的工作成效的同时，也恳切地希望他们在下列几方面略加改进：

一、这次活动集中三个班在濮陈学校教学楼底层上课，由于通信讯号被封闭，我们只好提供一支响笛，要求值勤的志愿者掌握时间，吹响笛声以控制进度。可惜响笛未能正常使用，以致各班无所适从，表现杂乱。

二、安全意识有待加强。朱子治家格言有云："黎明即起，洒扫庭除，要内外整洁；既昏便息，关锁门户，必亲自检点。"志愿者们似乎疏于此事，一度出现办公室不锁、厨房四开等情况，极易发生事故，酿成损失。

三、节能观念淡薄。电扇电灯未能及时关闭、大支粉笔弃地等现象经常可见。党始终号召我们勤俭节约，任何奢侈浪费都该避免。

四、树德育人，为人师表。志愿者固然尚未为人师，而以支教踏上杏坛，则需以人师为标尺。一言一行、举手投足，无不在任何时间、任何地点发挥着潜移默化的作用，必须重视。

五、珍视群众的热情。在濮陈驻留期间，仅为二十天，然而，志愿者长途跋涉，迎战高温，为乡村子弟热情服务，已经激起相当强烈的反响，附近街区盛加赞颂，不时有人馈送物品。半筐鸡蛋、一袋菜蔬，蕴含着可贵的感情。这将砥砺大家坚定信念，继续发挥支教精神，把工作做得更好。

今年，学院另行组织小分队到濮集中学，由现任教导主任王加胜主持的辅导活动，有板有眼，循序渐进。学校设有食堂，可供志愿者就餐，便可集中力量于教学，无论是在教务安排，还是校务管理上，都可谓有条不紊。特别在人事组织上，远远优于濮陈。我自惭形秽，却又乏力追随。为此，我确实愧对志愿者，谨致歉意。

学院领导大力推动学员走向社会，通过实践，以期做到全方位的提高，对濮陈的支援许诺，经年累月，始终不渝，令人赞叹。

此致

敬礼

和县乌江镇濮陈校外辅导站

叶连平 上

8月2日

打完信件的内容花了一个多小时，我不知道叶连平老人花了多少时间在信纸上写出来。一位九十多岁的老人，思维缜密、精神矍铄、谈吐自如、书写自由，已是非常难得。更为难得的是，他还一直关心着留守儿童的教育。

去看望叶连平老人，我买了一箱牛奶和一些水果，他悉数退回。据学生说，他每日交通依靠自行车。在和叶连平老人交流的过程中，他说的最多的是留守儿童的教育问题和如何教书育人。除了教书之外，教师还要育人，"育人"比"教书"广阔得多，形式也更为灵活自由。

当下，仍然铭记"育人"使命的教师已经不多了，大家都在上课，都在教书，却忘了"育人"也是教师的本职工作。校园里，有些学生穿着拖鞋去教室，来办公室，在教师办公的地方大声喧哗……中学阶段，家长都希望学校对孩子"死抓狠管"，只要孩子能考上大学，其他无所谓。殊不知，对一个人的人生而言，道德素质更为重要。有位老师说，他一生从事教育，并不是把学生送进大学就完事。如果学生只是"高分低能"，以后还有改造发展的可能；如果是"高分低德"，那就完了。

愿叶老健康平安。

手机病，得治

已经进入自媒体时代。人们人手一部手机，不管吃喝拉撒睡，都把手机握在手上或带在身上。很多人只要坐下来，就从口袋里掏出手机，成为"低头族"；一边走路一边盯着手机屏幕的人也不在少数。除非要集中注意力做其他事情，否则看手机就占用了人们相当大的一部分时间。

这已是当下的常态，手机对人们的吸引力已经远远超过其他物品。

手机带来的便利自不必多说。自媒体和网络的发展，让图像、文字、视频等信息的传播速度变得更快，所有的信息能实现实时传播，现代人的眼界前所未有地开阔。世界上任何一个角落一旦有细微的风吹草动，只要拥有通畅的网络和一部智能手机，立即就可以让大家知道。因此，现在"知道分子"特别多。

每一个拥有智能手机的现代人都知道很多，知识面足够宽阔。我可以大胆地说，任何一个现代人都比李白、苏轼时代的人掌握的知识多得多。不好的是，大多数人已经习惯知道更广的面，但对任何一项知识，都如蜻蜓点水一般，浅尝辄止，停留在表面，难以深入。如果在获取知识上遇到一点挫折，就立即"另谋出路"，不愿意继续深入探究了。这是很要命的。

手机已经成为人的另一"器官"。人们习惯了随身携带手机，一旦离开手机，顿时没有安全感，开始焦躁，坐立不安。有时，我让同学们把手机收起来，他们的眼神便开始游离，如坐针毡。

　　新媒体流行是时代发展的趋势，不可逆转。希望所有人不使用手机或网络，回到传统的纸媒时代，那是绝不可能的。

　　一直以来，科技发展都是一把双刃剑，带来了便利和进步，也充满着风险和伤害。

　　任何一种便利的工具，一旦依赖过度，都会走向另一个极端，成为"毒药"，摧残人心。"网瘾""人情冷漠""空虚"等不就是对手机和网络依赖过度的表现吗？

　　对手机和网络依赖过度，自然就不会进行较多的纸质阅读了。所以，当下大学生的阅读情况也是不容乐观。当然，阅读量的下降和中学应试教育也有着一定的关系，但这并不是他们现在不学习、不阅读的必然原因。

　　学习从来都是重要的，而且是必要的。这些道理谁都懂，但是做起来，特别是在浮躁的社会里，真不是那么容易。读书、学习还是需要一定的毅力和定力的，然后慢慢沉淀，脱离浮躁，脱离平庸。只要具备了这些，也就离自己的理想不远了。

从学生的身体素质说起

这不是我第一次表达这样的担忧了。

第一节课，我对同学们表达了希望，希望他们在大学期间多结交两个朋友。第一个朋友是图书馆，我希望他们多到图书馆阅读；另外一个朋友是运动，我希望他们在大学期间至少喜欢上一项运动。

为什么向同学们表达这样的希望呢？一是因为自己的阅读经历；二是自己亲身经历了这几年的学生军训，发现学生的身体素质真的令人担忧。

2017年的军训，按照教育厅规定，只有十天时间。开幕式的前一天正好下了一场雨，开幕式当天，没有太阳，秋意浓厚。9点，军训动员大会正式开始，同学们按照连队的队伍在操场上站军姿，校领导、二级学院负责人和军训教官在主席台。不到半个小时，我就看到五六位同学相继晕倒，直接栽在地上，然后被旁边的同学搀扶到旁边休息或直接抬到医务室。校领导见状，立即让同学们原地就座。我心中长吁一口气，又涌起一阵无奈。

这样的情况已经不是第一次了。去年，我也像这次一样，在操场旁看着同学们的精彩表现。突然，我班一名女生晕倒，几位同学和我一起带她到医务室后，医生说是低血糖。还看到一位高个子的男生（后来有人说是学体育的）直接向前面栽倒，我心里一颤，然后也是几位同学把他抬到医务室的。

学生的身体素质确实呈下降趋势。上课期间，我说到此事，有一位同学说："老师，我们上中学时哪里有时间锻炼呢？所以现在身体素质很差。"

是啊，为了应对中考和高考，他们在中学期间把大部分的时间都用在复习和刷题，根本没有时间去操场上锻炼。

我曾经在中学里执教过，同样深有感受。在中学，每天早上6:50上早读，学生都要在这个时间之前来到教室，我自己更是要以身作则。那时，我还住在学校里，无论春夏秋冬，每天早上，都是6点钟起床。起来后，匆匆洗漱，然后奔向食堂，买上两个包子，两步并做一步走，快步奔向办公室，到办公室已经是6:40。放下包子，立即去教室（教室就在办公室旁边），看看有没有学生到教室。这个时候，教室里一般只有一两个人。在教室里转一圈，我就又回到办公室，赶紧倒上一杯水，就着开水，把包子吃完，接着又去教室里等着学生，布置早读任务，顺便监督值日生打扫教室和卫生责任区。

每天早上这个时候，学生们都迈着匆忙的脚步，边走边吃，来到学校。有的同学害怕迟到，便把早餐放在身上，一路狂奔，来到教室再说。还没吃早餐的同学趁我去另一个班级的间隙，在早读课期间偷偷把早餐吃完，有的同学干脆等到早读课结束后再吃。早读课一结束，教室立即成为简陋的食堂，里面总是弥漫着各种酱或饼的味道。

早读课和上午第一节课之间的间隙很短，有少数同学还没吃完，老师就开始上课了，然后又是纷至沓来的作业……下午放学至晚自习之间的时间更短，只够去食堂吃个饭。所以，一下课，饥饿的同学们便以百米冲刺的速度奔向食堂，渴望早点吃完回到教室。有的同学去晚了，食堂饭菜都卖完了，就没得吃了。上晚自习的时候，我就经常看到有学生挨饿。

晚自习要上到10:40，他们回到家基本上都到11点多了，简单洗漱，时间就接近凌晨了。而且，每天的作业任务都非常繁重。回到家，也要继续做作业，到凌晨一两点才能完成。看到其他科目的作业太多，一直以来，我布置的作业极少，基本上都在早读和课堂上就能解决，给他们减轻负担。

除了周一到周五，学生们周六仍然是要上课的，上午上课，下午考试，周日上午很多同学还去校外参加辅导班，补缺补差，晚上又要到学校上自习。

这样一个星期算下来，属于他们自己自由支配的时间是极少的。除了体育课之外（高三干脆没有体育课了），他们在学校里很少有时间去操场。就连我自己，也是从早到晚，从周一到周五保持教室、寝室和办公室三点一线的生活状态，根本没有时间去操场上跑步或打球。所以，在中学里，老师们十位就有九位处于亚健康的状态。

迫于高考的压力，老师逼着学生不断进行试题训练。实际上，学生接受的都是过度的试题训练，很多训练内容都是不断重复的，这样不仅透支了他们学习的兴趣，而且透支了他们的身体。高考压着学校，学校压着老师，老师压着学生，让本应是充满求知渴望的眼神变得呆滞木讷，让本应充满青春和活力的身体失去了应有的朝气，死气沉沉。

最终，受伤的又会是谁呢？

上课随感（二）

　　每次走进教室，他们的脑袋总是低垂着。看到一片黑压压的脑袋，我的心里总是一阵失落。我总是希望他们把头抬起来，抬头挺胸地坐着，表现出年轻人应该有的青春和朝气。但事与愿违，几次下来，我的积极性也备受打击，力不从心。他们无法把目光一直放在我身上，只送给我一个个黑色的脑袋……课间，他们坐在座位上一动不动，也不出去，整个教室一片寂静，我感到害怕，我觉得我是多余的……

　　看到这样的场景，我总忍不住提醒，让他们出去，呼吸一下新鲜空气，活动活动身体。可是，他们坐在座位上依然无动于衷。他们的漠然，让我感到气馁，我看着他们年轻的身体被自己生生地束缚在教室，又觉得悲伤。

　　在中学阶段，升学压力让他们的时间被大量的习题所填满，他们被迫束缚在教室里。那时的我，对他们的处境十分同情，也对自己的无力感到遗憾和愧疚。我唯一能做的，就是在自己的班级、自己的课堂为他们提供一个比较宽松的学习环境和学习氛围。

　　而在大学阶段，再也没人给他们过度的学习压力。但是，大学教室里的他们也像在中学教室里一样，有时看起来没有一丝生机和活力。在他们脸上看不到信心和希望，充斥的是对未来的迷茫。

我们常说，人最大的敌人其实是自己，但更可怕的是，我们明明知道自己的问题，却一直在回避，不采取任何措施去改变，听之任之，甚至是自我放弃。

开学的时候，我跟他们说，这里可能不是大多数同学梦想的学校，但既来之，则安之；来到这里，诸位不必气馁，更不必抱怨，只要以此为新的起点，继续努力，终究会实现自己最初的梦想。但他们中有些人一边在抱怨学校差，另一边却又安于现状，不思进取，令我着急。

不管是自卑还是自弃的态度，都是不可取的。毕竟，这里只是人生中的一个驿站，未来的路还在每个人的脚下，成败都在于每个人的付出。

希望同学们仰望星空，继续前行。

抽烟那点事

在校园里，经常可以看到年轻的同学一只手拿着书，另一只手的食指和中指之间夹着点燃的香烟，冒着烟雾。他们不时把烟送到嘴里，深吸一口，又吐出去，烟雾便向四周弥漫开来。

看到一团团烟雾，我立即会感到紧张，选择绕道而行。有时实在是避开不了，就深吸一口气，使劲地憋，然后加快脚步，逃离这烟雾，离开了之后，才长吁一口气，放心地呼吸，全身舒畅。

有时学生来办公室找我，他们走到办公桌旁，我就闻到一股浓烈的烟味。仅凭这烟味，我就猜到他们是老烟民。因为在我小时候，喜欢抽旱烟的爷爷会定期清洗他的烟杆，而我总在旁边看着。爷爷把铁丝插入烟杆，来回抽动，然后用水把烟杆里的烟渍冲洗干净。这些学生身上散发出来的，正是烟杆里冲出来的味道，刺鼻又厚重。年纪轻轻的他们，就成了资深烟民，有点出乎我的意料。

我也抽过烟。

小时候过年，年味比现在浓厚多了。大年初一，我会穿着口袋最多的外套，拿着父亲给我准备的空烟盒，和一群年龄相仿的孩子一起挨家挨户地拜年。到了人家家里，我们就说些新年好之类的祝福语。这时，主人都会拿着糖果和香烟往我身上塞。获得礼物后，停留片刻，我们便赶往下一家。路上，我把香烟塞到预先准备好的空烟盒里，把糖果放进口袋，一天下来，总能收获两包多的香烟。去我二伯家时，他总是给我一整包香烟、一大包糖果，让我在同龄人前很有成就感和自豪感。回到家后，我把自己的"战果"交给父母，他们相视一笑，就让我到屋外放鞭炮玩去了。

其实，我们都有一个小心思，会把获得的香烟和糖果提前藏起一部分。我们会跑到一个屋外的角落，从口袋里小心翼翼地掏出香烟，拿起火柴，点上，模仿大人抽烟的模样，相互吐着烟雾，模仿牛魔王生气时的模样，好不开心。由于收到的香烟没有烟嘴，卷烟纸经常会被我们的口水浸湿，弄得满嘴都是烟叶，我们把香烟吐出来，之后又把香烟从地上捡起来，拿着未点燃的那头继续吸。尽管满嘴的尘土，仍不减我们抽烟的兴致。

上了高中，我也是抽烟的，特别是夏天。一到夏天，学校厕所里臭气熏天，同学们说在厕所里抽烟就闻不到臭味了。我对这种说法并不相信，但耐不住他们经常给我递烟，次数多了，便不再拒绝，也抽了起来。经常抽别人的烟，让我感到不好意思，就也开始去商店买烟还给他们。事实上，从厕所里出来，臭味并没有减轻，反倒增加了一股烟味，对这股烟味，我是讨厌的。

后来，我生了肺病，知道抽烟的害处，就彻底不抽了，闻到烟味也感到难受。

现在看到同学们抽烟，我也是见怪不怪，有时候还思考一下同学们为什么会抽烟。

昨天和王老师说到此事，她说同学们想通过这种方式标榜自己的与众不同，显示自己已经长大了，而不是真的有烟瘾。除了这个原因，可能也有同学和我以前一样，是因为从众心理而抽烟，看到室友或同学都在抽，认为自己不抽就不合群；还有一类可能是比较自卑或虚荣心强，想通过这种看似自信的行为，掩盖内心的自卑；当然，还有一类人是已经离不开烟了……

不管怎样，抽烟是个人的行为，尽量还是不要干扰到他人为好。因为烟的味道，特别是二手烟的味道，真的不好闻。

学生请假那点事

学生请假，对于老师而言，是教学过程中一定会遇到的情况。一般情况下，老师都会准假，让学生离开。

学生请假的情况，我也遇到很多。在中学任教的时候，学生请假的情况极少，一个学期不会超过十人次，而且大多数都是父母打电话给我，替孩子请假。

来到高校，学生请假的情况变得很普遍。学校制作了统一的请假模板，一张纸上下部分一式两份。学生如果需要请假，就把这个打印出来，填好，让我签字，签好后，一份还给学生，一份留在学院存档。

九月份收拾办公桌时，我把这些假条叠好理齐，足足有一大摞，让我大吃一惊。一学年竟有这么多的同学请假，这还是履行了请假手续的，没有履行请假手续的同学名单更不得而知。

学生请假的理由，无非就是这几类：身体不舒服（病假），家中有事（事假），和其他事情有冲突。

看到学生因病请假的信息，我会毫不犹豫地答应，立即准假，并让他尽快去医院。最近两个月以来，我收到的病假信息不少，大多是肚子坏了、感冒发烧头痛、脚踝扭伤等。

看到学生身体不舒服，我心里替他感到难过。不管何种原因，作为老师来说，坚持以人为本、以身体为本，遇到学生请病假，肯定立即准假。

学生因事请假的也不在少数。如长辈生病、去世，哥哥姐姐结婚等。每个人都有自己的家庭，而且我也希望培养出孝顺、善良、心灵有温度的学生。学生因为家事请假，这是有家庭责任心的体现。因此，这些原因的假条我也一律同意。

还有学生因不必要的个人原因而请假，如接同学、参加某个活动或值班等。看到这样的原因，我总是表现得不大乐意，又觉得学生太"可爱"。看到我的立场和态度，少数同学见机行事，立即不请假了，而有的学生仍然我行我素。我该准还是会准，只是觉得有点可惜，因为他们总是把上课或班级这些重要的事情排在其他不必要的事情之后。

还有同学是来补假条的，因为旷课被老师抓到了。看到这样的，我肯定不给好脸色。因为他（她）不请假，不履行正常手续，只考虑到自己的利益，对其他同学而言极不公平。

除了请假的原因千奇百怪之外，请假的方式也是十分多样。

最礼貌的请假方式是写好假条之后，当面请假。这种请假态度，任何老师都会欣然接受。有的同学会打个电话或者发短信说明原因，然后再向我请假，这样的方式我也能接受。我最反感的是先斩后奏式的请假。这种情况经常发生在假期前后，明明还有课，他却已经在回家的路上了。有时已经到了车站，为了应付老师点名，他才给我来一个电话或短信，说买不到车票，想请假提前回家。这样的请假方式我最不能接受，与其说是请假，还不如说是告知或"胁迫"。

谁都会遇到事情，都可能会请假。但通过这件小事，却能看出一个人很多方面的问题来。

后来，学校推行了辅导猫系统，学生用的最顺溜的就是请假程序。那些重要通知或签到程序，经常遇冷，唯有"请假"这里，一片兴旺……

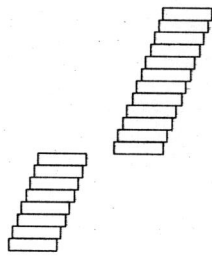

且走且行

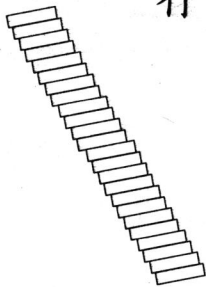

同学，你应该多穿点

天气已经很冷了！

我早已穿上了羽绒服和秋裤，走在室外时，仍觉寒风乱窜，身上的衣物不足以抵御寒冷。但在校园的路上，经常可以看到上身穿一件针织衫外加一件外套，拉链没拉，下身穿一条破洞牛仔裤的青年人。我去宿舍时，有些宿舍一推开门，便感觉一股热浪袭来，眼镜上顿时泛起一阵浓雾，挡住我的视线。等雾气散去，我朝空调望去，只见上面赫然显示着"30"。我问他们为什么开这么高的温度，他们说冷。我朝他们身上看去，只见他们上身穿着一件短袖，下身一件大裤头，脚下是一双凉拖……

无独有偶，最近经常有学生向我请病假，请假的原因大多是感冒发烧或头疼，所以无法去上课、上自习或参加某个集体活动。然后我去宿舍一看，只见他们上身穿着薄薄的单衣，光着脚……

"大冬天的，穿得这么少，不受凉、不感冒才怪！"

我的内心像打翻的调味盒，五味杂陈。我既同情他们生病，因为感冒发烧很难受，但他们生病的原因又令我很无奈，大冬天的还穿着秋天甚至是夏天的衣服四处"招摇"。其实，他们只需要多穿点衣服就完全可以避免受凉、感冒。

我常常劝他们，但他们好像并不买账，把我这个"老人"的话当耳旁风。我习以为常，见怪不怪，并不生气。

我只是怀着好奇心问他们："为什么不愿意多穿点衣服？"他们脸上露出尴尬的笑容，说自己不冷，而且别人都没穿棉袄。感觉不到冷是假的，看到别人没穿厚衣服，自己明明很冷却也不穿，以为穿得少很酷、很好看，估计倒是真的。这也许就是他们这么做的原因，他们很在意别人的目光，甚至过于在意别人的看法，活在别人的意见里。

事实上，事情并不只是穿衣服这么简单！

寒冷的冬季，对部分不怕冷的人而言或许真的不冷，但对大多数人而言，要想不感冒，就真的需要多穿点衣服。如果每个学生都能懂，我或许不需要说："同学，你应该多穿点了。"

不被理解的"无手机课堂"

事情是这样的，学院组织开展了"无手机课堂"活动，并进行总结评比，而我被学生会的同学叫去做评委。

班委让同学们写一点关于"无手机课堂"活动的感想作为活动的支撑材料。我坐在讲台下面看到这些材料，发现班委在组织这次活动上花了不少心思，觉得很不错。我一边听着同学们在讲台上做总结汇报，一边翻看着同学们写的关于"无手机课堂"的感想，内心窃喜。突然，以下的文字映入我的眼中。

"挺好，真的好，非常支持，此处省略291个字。"

我觉得挺有意思，就顺手把它拍下来，然后发给作者本尊。我发给他的本意是想知道他为什么没有写，因为其他同学都写了。可我没想到的是，这是一石激起千层浪，很快我就收到了他的回复。

> 说实话，我不太提倡这个活动。首先，这个活动作秀的嫌疑高于实际效果。大学区别于高中、初中最明显的地方就在于强调了学生的自主性，而此举无疑是将大学管理"幼儿园化"，可实施性差，效果不明显。收了手机放哪？谁来收？丢了怎么办？谁来负责？真要实行势必要拨一批人出来专门

155

负责。个人认为此项活动只是一时兴起，可实施性低，持续性差。

再者，大学作为学生向社会人过渡的一个阶段，实在没有必要将学生管得太紧。大学旨在培养适应社会的人才，而不是培养一群需要人管的小孩。

其次，手机已经成为现代人生活的一部分。不仅大学生这样，社会上很多人都是这样。这俨然成了一种趋势，既然大势所趋，不如顺势而为，一味拒绝显然不是上上之策。现在不是有很多微信签到、弹幕课堂吗？将手机融入学习也不失为一个好法子啊。

最后，无手机课堂无非是想提高课堂效率。但是提高课堂效率的方法有很多，且效果远比收手机强。例如留当堂作业、挂科不给补考什么的，既能提高学生自制力，又能让课堂效率提高。再者，收手机不仅剥夺学生人权，效果还差，不愿意听课的还是不会听课。你收了我手机，我再备一个，或者我直接睡觉，还有甚者，聊天嗑瓜子的也有。不愿意听课这种事从来不是靠收个手机能解决的。

老师，手机被收了之后，到下课休息时不还是要还回来吗？

再者，手机收了上去，同学们真的在听课吗？也不见得，效果可能真的不是很明显。

收到这些信息后，我感觉到网络那头的人积了一肚子气，内心极为气愤。

明显，他对"无手机课堂"有着不同的看法，所以其他同学都提交了感想时,他用简短的一行字提出抗议,向"无手机课堂"的实施者、管理者表达着不满的情绪。

我也看得出来,这是一名有自己思考的年轻人,善于且勇于表达内心的真实想法,不愿意压抑内心的情绪。

我得到了这些真实想法也觉得很开心,觉得没有必要继续回复或反驳他。如果回复或反驳,或许会引来更多的误解。

信息化时代,电子产品被广泛普及。"一机在手,天下我有",年轻的大学生们逐渐对电子产品、游戏软件或聊天软件产生过分的依赖,让电子产品成为他们身体上的"器官"。特别是在课堂上,使用电子产品(如手机)直接导致学生上课时注意力分散,从而影响整体上课效率。作为一名教师,看到讲台下面全都是"低头族",内心十分失落而且焦虑。也正是在这样的背景下,学院特意组织开展"无手机课堂"活动。

不可否认的是,"无手机课堂"不能解决课堂上的全部问题。所以,这位同学的"怨气"我是完全能理解的。

教师不被学生理解,是常有的事。

教师和学生之间的步调是不一致的,教师走在前面引领学生成长,学生跟着教师前行。有的时候学生嫌教师走得太快,有的时候学生嫌教师走得慢。学生从自身的舒适、需要和便利出发,形成对教师或学校的评价,而教师(学校)是从育人的角度做出决定的。两种身份之间肯定会产生认知上的差异。

月初,已经降温了。到了周末,很多同学专门请假回家拿衣服。看到这种情形,我觉得没必要,就在群里说,为什么不去买衣服而一定要回家拿衣服。我的出发点是疫情形势严峻,应减少不必要的出行,而解决衣服的问题有很多办法,比如网购、邮寄、去实体店购买等,这些方式都比回家更加便捷,更何况,有的同学回家的路费就足够买几件衣服了。

　　此言一出，立即引爆班级群，我也因此挨了同学们的不少骂。究其原因，还是我和学生考虑问题的出发点存在差异。"无手机课堂"是如此，学校"外卖整治"等活动也是如此，其他工作或许也是如此。或许等他们过了这个阶段，真正成熟了，就明白我们的用心了。或许，我们放慢前行的脚步，就能听到他们内心深处的声音，彼此之间就能相互理解了。

给寒假中的你们

同学们，1月18日下午，你们考完画法几何与机械制图后，就迎来了寒假。

仔细想想，时间过得真的好快。

9月初，你们在父母的陪伴下，冒着酷暑，拎着大包小包，从各地赶到学校报到，这些场景我依然历历在目。接下来，你们迎来入学教育、军训、正式上课，迎来国庆、中秋和元旦……还未来得及仔细思考和品味，一学期的时光就消失得无影无踪。

想必还有同学会时常回忆起高三的生活。一群人为了一个目标共同奋战，拖着疲惫的身体在书山上、在题海里前行，压力虽大，但很充实。那时会因某一门课程获得满意的分数而开心，也会因发挥失常而自责；会因老师和父母的严加看管而叛逆，也会因遇到良师益友而欣喜；会因为上课睡觉而无奈，也会因上课迟到而愧疚……

而步入大学后，情形和中学完全不同。

经过这个学期的磨合与适应，很多同学肯定已经感受到了：老师们不会再跟在后面督促学生完成作业，不会时刻把分数挂在嘴边，不会再事无巨细地对学生提要求、布置学习任务，不会有那么多的考试和做不完的试卷……

总之，在大学里，属于你们自己的时间比中学里多得多。

关于 6 月的记忆已经慢慢淡忘，考试的压力不断下降。不少同学因为缺少规划，整天漫无目的，无所事事，沉浸在网络中，在游戏、社交软件或各种视频软件中消磨时光。

这学期，学校迎来了教育部审核评估。其间，同学们都表现出了最好的一面，寝室里干净整洁，早上没有同学赖床；上课精神状态好，没有同学迟到和早退，方方面面都表现出了积极向上的一面。

临近期末的时候，我去宿舍看同学们。8 点，大多数寝室的门还没有开。为数不多的几个寝室虽打开了门，但窗帘把光线挡得死死的，寝室里一片黑暗，几位起来的同学静悄悄地做着自己的事。我看到地面凌乱不堪，鞋子、衣服和桌子上的物品摆放得杂乱无章，垃圾桶里堆满了垃圾，发出浓烈而刺激的味道。学校发的小方凳早就被他们放在阳台的角落，布满了灰尘，取而代之的是他们自己购买的、挂在床沿的吊椅。

中午的时候，寝室里开始恢复了生机，但大多数学生是以游戏为伴，以手机为友……

现在，大家都已经回到了自己的家，我还想跟你们啰唆几句。

亲爱的小伙伴，在假期里，除了玩手机、打游戏、睡懒觉、追剧、玩耍等，要保持良好的生活习惯和作息，积极参加各类社会实践，不要忘记提升自己，不要放弃任何一个锻炼自己的机会。

亲爱的小伙伴，大学时期虽然没有有形的压力，但无形的压力其实更大。2019 年国考招录职位锐减，但报考人数并未减少；2021 年全国研究生考试报名人数达 377 万；2022 年研究生考试报名人数更是突破了 450 万；2022 年毕业生人数超过 1000 万，再创历史新高……种种数据显示，当下就业形势严峻。很多同学在学校期间没有准备好，走出校门就面临着失业；即便就业了，也不是很满意。当然，现在跟你们说这些，你们肯定觉得离毕业还早，是我想得太多。但我想说的是，社会可不会给你们太多思考的时间和余地。

亲爱的小伙伴，希望你们在寒假期间多陪陪父母和家人，在力所能及的范围内多干点家务，父母真的不容易。

你们走了，教学楼、食堂、宿舍的大门都紧闭着，校园里空荡荡的，凛冽的风肆无忌惮地吹着、呼唤着、期盼着……

小伙伴们，期待明年更好的你们。

给新学期的你们

春节一过，2021 年就永远地成为历史。这一年的一切随时间的脚步一起远去，成为回忆了。

时间过得飞快，但我总是等到时间逝去之后才会惊觉时间脚步的匆忙。我时常想起 9 月，想起你们顶着酷暑，拖着沉重的行李箱来学校报到时的场景，想起你们参加入学教育、军训，以及一次次班会的场景……你们成长的点点滴滴如校园里的树叶一般落了又长，长了又落，在我脑海里反复地闪现。

在我们相处的几个月时间里，你们青涩的脸庞和迷茫的双眼，在操场上矫健的身姿和坚定的步伐，参加活动时高涨的热情，假期时的兴奋和激动，考试前的焦虑……都深深地印在我的脑海。每个阶段的表现就像是一个个彩色的像素，共同拼成你们人生中五彩斑斓的年华。

转眼间到了学年中的下学期，时间更短，你们会更加匆忙。新学期伊始，我还得重复这些你们早已听得耳朵生茧的道理。

同学们，希望你们能爱上一项运动，能多去操场上跑一跑，做一只早起的鸟儿，保持健康的体魄。有了健康的体魄，做任何事情都有底气。

同学们，希望你们能树立新的目标。高考结束后，很多同学就失去了学习的目标和动力，整天浑浑噩噩，而且觉得特别无聊，没有事情干。这其实就是没有目标、缺乏动力的表现。有的人不知道自己要干什么，才会整天沉迷在虚拟的世界里，无法自拔。

同学们，希望你们能节制游戏时间。我从来不反对你们玩游戏，但玩游戏总是要有一个限度，不能无休止地玩。如果不懂得节制，大学时间就真的被你白白荒废了。更何况，一个不善于管理自己、管理时间的人，怎么可能管理好自己的人生？

同学们，希望你们能重新意识到学习的重要性。你们要意识到，社会竞争的压力会越来越大，未来是属于那些善于学习的人的。那些坚信自己很聪明的人如果只是"啃老本"，等老本啃完了，就会发现身边他以为很笨的同学已经跑到很远的地方了。

同学们，希望你们能发现自己的兴趣、爱好和特长，并以此为支点，重新树立目标，不断学习，不断进步。

说一千道一万，还是希望同学们能管理好自己的日常生活、学习生活，做好未来的规划。

那一年，我们相聚在汤山脚下，相识于滋兰池边，校园的点点滴滴终究也会成为你们生命里最美的回忆。希望同学们在新学期里过往不恋，未来不惧，当下不负，如此安好。

大学到底应该准备什么

　　每天早晨来学校，远远就看到车身贴着驾校名字的大巴车停在学校门口，等待着学习驾驶的同学。在我办公软件上的请假栏目，经常会弹出学生请假的申请，除了生病之外，请假的原因大多是参加驾校体检或参加驾校考试。虽然我早就习惯了同学们因为各种各样的事情来请假，但看到因为学驾驶而请假的人数，仍然大吃一惊。

　　学生考驾照，无非以下这些原因。

　　一是有经济基础。现在学生的经济条件都好了，三四千元的学习费用对于很多家庭而言都给的比较轻松，而且父母也支持。驾校看到在校大学生这个庞大的市场，往往也会给出更多的优惠，最便宜的班才要两千多元。

　　二是有充足的课余时间。大学里的课程安排跟高中有很大差异，全天的课程已经很少见，而且还经常出现半天没课的情况，周末学校更不会安排课程任务。

　　三是提前做准备的观念。驾驶是一项基本技能，在求职过程中说不定可以派上用场。况且，现在汽车很便宜，工作后买辆小汽车也很容易。但上班后不一定能有现在这么多充裕的时间来学驾驶。虽然学生很少有自己买得起车的，但不管能不能用得上，先准备好驾驶证再说。

现在的学生家庭经济条件大都不错，我羡慕他们现在的生活状态，更佩服他们长远的眼光。他们好像看到了毕业后的忙碌与压力，也仿佛看到了未来的美好，时刻都在为未来准备着……

有人说，大学是为今后发展做准备的，应该学好专业知识，打牢理论基础……

有人说，大学应该准备各种证书，如学历证书、学位证书、各类获奖证书、各类能力证书（如驾驶证）……

有人说，大学应该准备各种能力，如表达能力、创新能力、交际能力、沟通能力、写作能力……所以在大学期间要参加各类社团。

有人说，大学应该为婚姻做准备，和异性朋友交往，谈一场轰轰烈烈的恋爱，最后步入婚姻殿堂……

有人说，大学应该用来放纵，好不容易从高中的"炼狱"中逃出来，毕业后又没有时间来疯狂，还是趁现在好好打打游戏、旅行……

是啊，世界很大，什么想法的人都有。现在就业竞争压力极大，每年有近千万本科毕业生涌入社会。作为高校教育工作者，也应该引导学生多元化发展，进入不同的行业，从事不同的职业。多一个"证"对他们而言可能意味着多一个机会，多一个准备可能就会多一个选择。

大学期间，需要准备的东西确实很多，但哪一种才是最重要的呢？

我想起我大学毕业时郭世轩老师对我说的话。郭老师说，好工作并不是谁找得早就是谁的，而是要看真正的实力。就业压力虽大，但并不是所有人都找不到工作。

我想，各种"证"只是外在的形式，学生也应该不断修炼真功夫，要不然，所有的"证"都发挥不了应有的作用。有些学生看似能力很强，却外强中干；看似目光长远，却是急功近利；看似充分利用了时间，却浪费了宝贵的学习时光，也忽略了大学本身的意义，甚是可惜。

就像我在《你只是假装很努力》中说过的，"骗别人很容易，骗自己更容易，但是要骗这个世界真的有点难，你所亏欠的终有一天会连本带利还回来"。在大学浪费的学习时间，离开校园后终究要还回来的。

做彼此生命中的贵人

　　校园一夜之间就全部绿了起来，翡翠般的嫩叶错落分布在每棵树的枝丫上，浓密的、稀疏的，大的、小的，椭圆形的、五角星形的……映入眼帘，让我的心底涌起一阵愉悦。温暖的风从耳边拂过，轻轻抚摸着每株枝丫，摇着刚刚冒出头的嫩芽。这些嫩芽在枝头开心地笑，相互打闹，发出沙沙的笑声，有的没抓紧枝丫，直接从树上跌了下来，栽到地上。

　　滋兰池边，桃花已经凋零，绿叶开始占领花的地盘，迅速地蔓延。盎然的绿意打着胜利的手势在枝头飘摇，而地上，早已经铺上了一层厚厚的粉红色的地毯。

　　大学生活就如校园里的草木，一到春天，就会尽情地生长，竞相绽放，单纯又美好。春天，在鲜花绽放中到来，又在繁华落尽中谢幕，静悄悄的，从不会显露出匆忙的痕迹。冬去春来，花开花落，四季变换，校园仿佛只是不停地变换着色彩。只有临近毕业时，才发现四年的光阴已经逝去。

　　学生时代的我认为时间走得飞快，现在的我和学生相处，依然是这种感受。难怪古人总是惜春，总是伤春，总是对逝去的过往倍感留恋。确实，望着如画的美景从指尖悄悄溜走，而且一去不复返，哪怕反应再迟钝的人也会有所触动。

每一个 9 月，我都要和新一届的学生相遇，和他们在频繁的接触中相互了解，渐渐熟悉。岁月在平时琐碎而繁杂的工作中走过，报到、放假、开学……恍惚间，我已经在统计着他们的生源地信息，整理实习材料，收集就业证明材料，督促毕业设计进度，发放毕业证、学位证、报到证……待一切完成，我长吁一口气，稍作停歇，却发现曾经熟悉的身影已经离开了校园，开始了独立的新生活。

把他们送出校门，我的使命已经完成，又要回到最初的起点，等待着新的面孔，开始新的轮回。这些过程对我而言，是轮回，但对他们来说，却是人生中的唯一经历，是他们在校园里度过的人生中最美的年华。四年前，他们青涩懵懂，稚嫩迷茫;四年之后，他们羽翼丰满，在天际翱翔。

对师生而言，他们都只存在于彼此生命中的一个瞬间，是过客，却也是生命旅途中最美的回忆。所以我常说，与其因为一点小事争得面红耳赤，相互抱怨，还不如相互包容，相互支持，彼此成全，做彼此生命中的贵人。

对我而言，做他们的贵人，就是做好学生的"引路人"，牢记教书育人的职责和使命，上好每一节课，做好每一次学生工作；

对我而言，做他们的贵人，就是为学生解决生活中的难题；

对我而言，做他们的贵人，就是为他们的成长成才搭建好平台；

对我而言，做他们的贵人，就是为学生做好全方位的服务工作。

愿我们相遇时，彼此包容，共同成长；离开后，偶然想起，便是美好。年年岁岁花相似，岁岁年年人不同。若是贵人，即使每年遇到的人不同，也会如鲜花一般年年盛开。

年轻人，不要着急

　　校园里到处都是防诈骗的宣传标语，教学楼前摆着各种防诈骗的巨幅海报；食堂门口，一到就餐时间，保卫处就拿着音箱，音量开到最大，播放着防诈骗的小知识；班级群里，老师时不时就提醒同学要谨防网络电信诈骗，转账之前一定要反复核实……

　　公安机关也经常来学校做安全教育的讲座，让同学们不要贪小便宜，不要轻信网络上的兼职信息，涉及钱的问题要多确认一下……

　　尽管是这样，依然有不少同学掉入骗子的陷阱，造成了不少经济损失，令老师们十分痛心，却又百思不得其解。

　　学生被骗，其原因大多为贪便宜和想要赚钱。网络时代，不仅给人们带来了便利，同时也带来了风险。骗子利用网络的虚拟性、便利性乘虚而入，引人上当，令人防不胜防。

　　这个时代，节奏比以往任何时代都要快，人们也更加着急。这个时代，对青年学生而言，也比任何时候都充满诱惑。青年学生正处在人生的上升期，对未来充满了无限的憧憬。他们上了大学，实现了大学梦，也得到了社会的认可和尊重，这时，自信心达到了前所未有的高度。人有了自信，就想自己做决定，想独立自主、自力更生。经济基础决定上层建筑，如果经济上不独立，那在生活中肯定也没有发言权。

所以，很多学生上大学之后，就想着不从家里拿钱，到处兼职、打零工，来赚取生活费。这未尝不可，但要通过正规渠道。

前段时间，我看到一位同学在QQ空间里说，他没有上大学的同学已经出来工作了，正忙着结婚；再看看自己，还在学校里，听着老师在讲台上"咿咿呀呀"地讲课，还吃着父母的，拿着父母的，感觉自己一事无成……

没有对比就没有伤害！人的痛苦很大一部分就来源于对比，来源于同龄人。人的愤怒往往是出于对自己无能的不满，特别是当自己两手空空，毫无底气时。所以他们还没读完大学，就想着读研究生；还没毕业，就渴望一份比较体面的工作，希望有一个不错的收入……未来还很远，可一想到自己还一无所有，就觉得好累，觉得在学校太浪费时间，还不如跟其他同学一样读一个大专算了，或者是直接辍学，早点出来创业养家……

大部分年轻人都会焦虑，这是正常的，但不要这么着急。

人都是有欲望的，对未来的生活都有着美好的期待，但每个人都要经历一个从默默无闻到一鸣惊人的过程。在什么年龄阶段做什么事情，把该做的事情做好，就是最好的人生。

现在的年轻人，都有一个通病，就是对自己手头的事情没有太大的兴趣。手头上的事情都没做好，就想着未来，当然会迷茫。人和人之间的差异来源于态度，特别是对当下事情的态度。你愿意为手头的事情花多少时间，直接决定了你的收获。随随便便是一天，认认真真也是一天，两种不同的态度会走出不一样的人生。

年轻人，不要着急，在学校里就把学生该做的事情做好，这是最好的"升值"方式；年轻人，不要着急工作，把专业知识学好，就是最好的求职途径。

什么专业才是好专业？

2021级学生一入学，学校就又要开启申请调换专业的系统了。虽然这是学校的常规工作，但新生们已经开始躁动了。他们开始向亲戚、朋友、老师、学长和学姐征求意见了，问什么专业好？哪个专业出来容易就业？哪个专业毕业后的待遇高、前景好？

学生之所以想换专业，是因为在填报志愿的时候，分数不高，又填了服从专业调剂，从而被调剂到自己不感兴趣的专业。入学后，发现学校有申请调换专业的机会，便想把专业换了。另一种情况是，不少同学被"不冷不热"的专业录取后，又听到父母长辈的建议或者同辈间的交流，然后就直奔"前景好""待遇好"的专业去了，也不管自己是否喜欢。

还记得去年新生入学后，转专业工作开始，我院一个专业录取了70人，结果转出接近30人，大多都转到了经济和管理等热门的专业。

不可否认的是，目前，国家总体经济形势比较好，经济发展也非常迅速，经济和管理一类的专业人士需求量确实比较多。相对而言，经济和管理等专业毕业后确实比较容易就业，待遇也不错。但专业的热度是在不断变化的，谁能保证这一类的专业会一直"热"下去呢？我清楚地记得，十多年前我读大学的时候，电子商务专业非常热门，而今，网购已经普及，电商到处都是，当初的热门专业已经如"家常便饭"一样普通。而且，电子商务专业面临了前所未有的竞争，生存处境异常艰难。类似的还有市场营销、国际经济与贸易等一类的专业，毕业生的就业去向令人担忧。

那么，到底什么样的专业才是好专业呢？

自己感兴趣的专业就是好专业。兴趣是最好的老师，同学们选专业的时候，应该把自己的兴趣爱好放在首位，不要一味追求所谓"热度"，因为"热度"总有一天会降下来。只要你静下心来，以兴趣为老师，踏实学习，就会发现虽然有的专业比较难，但如果有强烈的兴趣，也同样能学好，学好了肯定会有好的出路。如果你对所学的专业不感兴趣，即使专业难度不大，也有可能会挂科，甚至无法毕业。好专业也会沦为"不好的专业"。

能学好专业课程的专业就是好专业。"专业"的价值体现在专业性上，是你跟其他人不一样的地方，也是竞争力的体现。但如果专业课程没有学好，专业性无法得到体现，专业的价值自然也无法体现。到那时，即使专业再热门，再容易就业，也会面临失业。

总之一句话，专业无所谓好坏，学好才是硬道理。

校园里的那些爱情

　　每当遇到较为特别的日期，我打开 QQ 空间，经常可以看到同学们发布自己和恋人的动态（动态下面的评论区一般也很火爆）。看到这些，我才知道，原来他（她）恋爱了。

　　大学生谈恋爱的现象很常见。在校园里，经常可以看到情侣亲密地走着，他们或手拉手，或挽着手臂，或搭着肩膀，或同骑一辆车……成为校园里的一道风景线。

　　在大学阶段，恋爱已经成为大学生们的一门重要的"课程"。至于如何上好这门课，每个同学都有自己的态度。有的同学认为是必修课，一进入大学就疯狂地追求某个异性，一旦受挫，便马上转移目标；有的同学认为是选修课，这类学生对待爱情持开放的态度，不强求，不畏惧，认为缘分来了挡也挡不住，缘分未到，再强求也没用；也有一些同学在校园期间岿然不动，一心过好单身生活……

　　大学阶段，同学们都是二十岁左右，本就是人生中最美好的年华，如果遇到一位和自己共同成长的异性，那更是一段美好的经历。在我身边，有不少由校园恋爱走进婚姻殿堂的例子，他们现在依然很幸福，令人艳羡。

　　爱情总是美好的，但现实总是苍白的，不是所有的校园爱情都会有一个圆满的结果。现实中经常会出现这样或那样的爱情悲剧，伤害了自己或他人。我清楚地记得读研的时候，我的一位室友在谈恋爱，由于是异地恋，他们两个沟通联系仅仅靠视频或电话，有时一旦没有及时回复，电话那头马上暴风骤雨，哭得死去活来……除了高昂的电话费用令人忧虑，我的这位室友整天也是提心吊胆。

恋爱中的人，因为年轻，所以美好；也因为年轻，容易头脑发热，不够理性。恋爱从来都是两个人的事，一个人的心甘情愿换不来圆满的答案。

又是一个6月，校园里处处充满着毕业的兴奋和离别的悲伤。毕业季，又被戏称为"分手季"，相恋的情侣因不同的选择而分手，成为大学里的遗憾。

有人说，大学里不谈一场恋爱，是不完整的。我要说的是，一场真正的恋爱是让你不断成长的，好的情侣是你的良师，也是你的益友，能帮助你真正成长，让你不断成熟，让你明白责任和担当。但不要为了恋爱而去恋爱，更不要恋爱不成，便毁了两个人的青春。

同学，你应该节制一下游戏

　　早上，刚来到办公室，新来的同事就跟我分享昨晚去新生宿舍的感受。昨晚，他走进学生宿舍，里面静悄悄的，没有一点声音，床铺下面也见不到人。抬头望去，宿舍六个人都趴在床上玩手机、打游戏，看到他进来，没有一个人从床上下来，也没跟他打招呼。

　　其实，昨天他去宿舍之前已做足了准备，想要好好地跟同学们聊一聊。谁知他兴冲冲地来到宿舍，本以为新同学会很热情地跟他聊天，会问他各种各样的问题，然而现实却是一片寂静，每个人都沉浸在网络中。他感到很失望，只好悻悻地离开。

　　他来到另外一个宿舍，情况也差不多。宿舍的物品收拾得还比较整齐，里面只有一个人。这名同学坐在电脑前，左手食指和中指夹着香烟，右手握住鼠标，眼睛死死地盯住屏幕，正玩得起劲。同事走到他旁边，叫他的名字，他却坐在椅子上，无动于衷。香烟的灰烬掉在地上，散发的烟雾弥漫在宿舍里，云雾缭绕。同事见他没有回应，自己又被呛得厉害，就也懒得理他，赶紧走出来。

　　同事一边收拾着文件，一边气愤地说着昨晚的遭遇。

　　我平静地听着，又耐心地给他安慰。

　　这位新同事的遭遇，我早已经遇到过。网络时代，手机、电脑等电子产品已经普及，在给我们带来便利的同时，也带来了极大的负面影响。对于广大自制力不强的年轻人而言，情况更是严重。他们变得浮躁、浅薄、急功近利、人云亦云……越来越难以静下心来认真做一件事。玩手机、打游戏、浏览网页、线上聊天占用了他们大量的时间。

科学技术本来是一种工具，一种手段，但是，很多青年却被电子产品"奴役"，丧失了自己的独立性和主体性。游戏本来是用来消遣娱乐、放松的，结果，这些青年反倒被游戏所控制，严重依赖游戏，沉迷游戏。手机也是如此，手机本是通信工具，用于沟通和联系，现在却成为很多人的"器官"，他们一旦离开手机，就极度没有安全感。

令人欣慰的是，并不是所有的青年都是这样的。

每天早上我从图书馆前面经过，总能看到在图书馆广场有一大群学生拿着书在诵读，也能看到学生们为了自习室里的一个座位，从5点开始就在图书馆前排起了长队。

又是一年教师节，我也从教多年，更加深刻地体会到：每个人的道路都是自己走出来的，别人只能给一些引导。游戏可以玩，但要有限度。老师的严格要求，那是希望学生能变得更好。

逃离舒适区，遇见更好的自己

舒适区，又叫心理舒适区，是心理学上的名词。它指的是一个人所表现的心理状态和习惯性的行为模式，人在这种状态或模式中会感到舒适。

沉溺于舒适区的人，觉察不到真正的压力，没有危机感，自我麻痹，自我感觉良好，甚至觉得自己比身边的人好得多。时间久了，就产生了惰性，越来越不愿意走出舒适区。他们既没有强烈的改变欲望，又不会主动地付出努力，抱着一切随缘、顺其自然、听天由命的态度，对身边的事物都感到无所谓，用现在的话来说，就是"佛系"。

沉溺于舒适区的人在行为上，会懒惰、松懈、倦怠和保守，会不思进取、故步自封。一旦他走出这个区域，就会感到别扭、不舒服，或者不习惯。久而久之，他就会感到迷茫和无助。就像在上课的时候，很多同学一开始坐在教室后排，慢慢地，他们就习惯坐在后排了，就会建立"后排的舒适区"，以后就再也不愿意坐在前排了；就像早上习惯了睡懒觉，形成了生物钟，早起就变得困难；习惯了幻想，行动就变得艰难……

舒适区是人们养成的习惯，而习惯是一个令人又爱又恨的东西。"播下一种行为收获一种习惯，播下一种习惯收获一种性格，播下一种性格收获一种命运。"美国心理学家威廉·詹姆士的名言早就被人们所熟知,但既然明白行为习惯对性格命运的重要影响,又有多少人重视日常习惯或者身边的小事了呢?中国古代也有很多类似的警句,如"一屋不扫何以扫天下""九层之台,起于累土""不积小流,无以成江海"等。

任何事情都不可能一蹴而就,都需要经历一个长期积累的过程。某一领域很厉害的人肯定不是经过一天的学习就成功的,一个很坏的人肯定也不是一天就变坏的,他们都经历了一个长期的过程。因此,养成一个良好的习惯并长期坚持,自然就能成就一个人;但养成了不好的习惯,美好的人生可能就会变成虚妄。试想,一个人整天浑浑噩噩,不思进取,自律意识很差,还沉迷于游戏中无法自拔,考试的时候挂科,如果你是一个企业老板,怎么可能给这样的人高薪?

同学们,特别是低年级的同学,在大学阶段都会很舒适、很自信、很安逸,而且幸福感很强,这对培养同学们树立远大理想是非常好的。但经过四年的积累,到毕业的时候,很多同学的自信、幸福感往往被瓦解得支离破碎,对未来手忙脚乱,不仅焦虑,而且感到迷茫。他们在舒适区待久了,习惯了不思进取,习惯了散漫,等到被推入到社会,肯定会百般不适应。

舒适区,每个人都有。有的人意识到舒适区会像"温水煮青蛙"一样令人堕落,所以,不断学习,不断尝试新事物,让自己逃离舒适区,这样的人到了毕业时,也不会慌乱。但有的人享受着舒适区的安逸,直接走向堕落,令人遗憾……

说一千道一万,我还是希望同学们能了解自己的舒适区,并逃离舒适区,遇见更好的自己,成为更好的自己。

背上行囊再出发

　　一场秋雨赶走持续近一个月的酷暑，送来一阵清凉。雨后的空气也变得温柔动人，凉爽的风从耳边吹过，心底涌起一阵愉悦。刚到办公室，柴保健就来找我，让我写点寄语放在班级评比材料的前面。尽管我很早就已经做好为他们写点文字的准备，前几天也看到他给我发的信息，但在此刻，内心仍然十分激动。

　　时间很快，转眼间，又到了一个新学期。去年9月，同学们拎着大包小包来学校报到时的场景依然历历在目，同学们激动的神情、青涩稚嫩的面庞还时常在我脑海中徘徊。

　　在入学的时候，我私下跟很多同学聊过天，也认真看了每一位同学的高考志愿报名表和档案，我知道，巢湖学院不是大多数同学的第一志愿，他们是"被迫"来的。在第一次班会上，我跟同学们说了理想与目标的问题。我说，巢湖学院不是你们在中学时的梦想，更不是大家在填报志愿时的第一选择，但现在，你们既然选择来到这里，就要接受这里，不要觉得遗憾，更不必气馁，要发现自身存在的问题，克服困难，树立新的目标，继续努力。如果是真金，谁都不可能挡住你的光芒。

　　大学对每位同学而言，都是全新的开始；机会对每位同学而言，都是均等的，如参加课程、各类比赛、协会、社团等。有的同学抓住了这些机会，而有的同学依然抱着无所谓的态度。抓住机会的同学依然记得中学时的初心，不停地前行，而无所谓的同学始终停留在宿舍的小圈子，沉迷网络，目光越来越短浅，自暴自弃，怨天尤人。

　　一年的时间过去了，我清楚地发现同学们之间的差距越来越大。有的同学已经走上正轨了，找到了自己发光发热的平台，找到了努力的方向；而有的同学还整天自怨自艾，抱怨这不公平、那也不合理，却懒得把自己的梦想付诸行动，整天沉浸在网络中无法自拔，浑噩度日。

　　栉风沐雨砥砺行，春华秋实满庭芳。一分耕耘才有一分收获，只愿同学们都能牢记自己最初的梦想，背上行囊再出发。

那一年的汤山脚下，滋兰池边

这注定是一个不平凡的毕业季，一切都与众不同。

没有散伙饭，没有毕业典礼，没有正式的毕业照，更没有学弟学妹羡慕的眼神……静悄悄地来，又悄悄地走。在不到半个月的返校时间里，你们和巢院进行最后的告别，享受着她最后的呵护。四年时光积蓄的情感，原本准备在此刻绽放，可惜还未盛开，就要匆匆谢幕。

归期已定，你们珍惜着最后的时光，不放过每一个可以拍照留念的地方，把巢院的美好保存在记忆深处：再在校园里走一走，感受一下校园母亲般的温柔和朴实；再去操场打一场球，让汗水任意挥洒，尽情释放；再去一次食堂，买一份属于巢院的味道，吃到肚里，甜到心里；再去一次图书馆，翻开一本书，最后充实一下自己；再去一次教室，摸摸曾经坐过的桌椅，看看黑板上残留的板书……

汤山脚下、滋兰池边，到处都是你们生活过的痕迹，到处都留下了你们成长的印记。曾经，一直以为毕业遥遥无期，未曾想转眼间毕业在即，你只能拼命地珍藏，把所有美好装进回乡的行囊。

四年前，因缘际会，你们从天南地北、五湖四海相聚到汤山脚下、滋兰池边，于军训中开始了这段美好的学习生涯。

军训时的你们，稚气未脱，懵懂青涩，但嘹亮的口号、整齐的队

181

伍预示着你们朝气蓬勃的四年。记忆，都从这里开始。绿茵场上，烈日炎炎，你们努力踢着正步，努力让队伍整齐，任汗水浸湿迷彩服，这一切，还在记忆里环绕。

二年级、三年级，你们积极地参加各种比赛、各种社会实践活动，认真地听着老师们上课，来回奔走于图书馆、食堂和宿舍……渐渐地，你们对这里熟悉了，你们喜欢上了这里。有空的时候，约上三两好友，爬一趟汤山，去一趟郁金香高地，或在滋兰池边漫步，或在林荫道上小憩，或者在操场上为同学的比赛挥舞呐喊……临近毕业，突如其来的疫情，改变了你们太多的期待，也让你们更加珍惜最后的大学时光。

这里承受了你们太多的情感，有开心，有快乐，有悲伤，有难过……你们的成长，有汤山的陪伴；你们的喜怒哀乐，有滋兰池的倾听。你们的欢呼雀跃、迷惘困顿、甜蜜美好、青春成长，都有巢院的见证。相处四年的室友、同学，他们都是如此可爱善良，相互支持理解；相处四年的老师，他们都是如此尽职尽责，帮助你们成长成才；相处四年的学校，它依然静静地待在汤山脚下、滋兰池边，看着你们成长，又目送你们离开……

也许你们从未想过这么快就要离开，总觉得自己还没有准备好。那是不是没有准备好就不用离开？答案总是令人无奈。

一届又一届，一年又一年，终究敌不过逝去的流年。与其悲伤哀叹，还不如珍惜现在，并期待着未来。

毕业是一场分别，也是为了更好地相聚。期待将来的某一天，让你我再一次相约在汤山脚下、滋兰池边，一起互道衷肠，一起倾诉流年，一起放声高歌……

无论何时，无论何地，你我都是"巢院人"！

愿你们的征途是星辰大海

昨日的时光是汤山上的树，绿了又黄，黄了又绿；是滋兰池里的水，满了又空，空了又满；是四年来养成的去慎思楼、博学楼、致知楼、明德楼、求实楼的习惯；是第二食堂润博餐厅、第三食堂李府餐厅的味道；是四年前的激动兴奋，是平时的抱怨，是离别时的不舍……四年来，我们一起经历了太多的事情，我们拥有太多的共同记忆。

丈夫非无泪，不洒离别间。相聚不觉时光短，别离方知情意浓。相聚的时候总觉得时间还有很多，离别的时候才知道老师、同学情谊的深厚。毕业季，总是伤感的。四年的时光，在汤山脚下，留下了太多的印记，有快乐的、有难过的、有无法释怀的……

离别之际，我总是想起相处时的点点滴滴，总想起在博学楼的迎新展台跟大家初次见面的场景；还清晰地记得刚到4栋宿舍里去看望大家时，你们的慌乱和紧张；还记得你们遇到困难向我求助时的无助；还记得去年暑假跑到菜市场给大家买西瓜时，你们脸上的笑容；还记得你们收到研究生拟录取通知后，与我分享时的喜悦；还记得毕业小聚的时候，大家敞开心扉跟我说着未来的计划……四年的相处，有多习惯，离别时，就有多么不舍，对巢院的爱就有多深。但大丈夫岂敢轻易流泪，只好把离别的眼泪掩盖在心底，化作临行时的酒，一杯接一杯，醉卧在汤山脚下……

"欲去又还不去，明日落花飞絮"，想要归去却还百般留恋这汤山，终于不得不回去。四年的时间里，我见证了青涩男孩蜕变成独当一面的英气小伙；我见证了长满青春痘的女孩变得美丽、沉稳；我见证了问题男孩在老师们的督促下考上了研究生；我见证了同学们在自习室里默默耕耘，最终收获了丰收的喜悦。一夜之间，大家都收拾好行囊，买好回程的车票，奔向远方。下一次在什么时候相聚，谁都不知道，唯有彼此祝福并道一声珍重，约定春暖花开时，便是重聚汤山日。

金鳞岂是池中物，一遇风云便化龙。四年来，我知道有多少人考上了研究生，有多少人成为党员或预备党员，有多少人去企业就业，有多少人再战考研，有多少人延期毕业……毕业之后每个人都有自己的选择，每个人都要走向不同的道路。毕业是一个结束，也是一个新的开始。在校期间表现好的同学毕业之后过得并不一定很好，在校期间表现不好的同学毕业之后并不一定过得不好。总之，人生的路有多种可能，一切都在自己的脚下，只要自己努力，就会一遇风云便化龙。"大鹏一日同风起，扶摇直上九万里"，你们既不用妄自菲薄，也不要妄自尊大，广阔天地在等待着大家。

欲识他年分鼎处，先生笑指画图中。未来，谁都不知道是怎样的。我想，那些成功人士在大学毕业的时候也不会知道他们现在能够成为大佬。我常跟你们说，但问耕耘，莫问收获。不论做什么事情，都要像种地一样，不能什么都没做，就想着收获多少，而是要踏踏实实地做好收获前的耕耘，一分耕耘就会有一分收获。另外，立业先立德，希望你们始终要记住，先做人后做事。做事不做人，永远做不成事；做人不立德，永远做不成人！短期内，投机取巧可能会获得一定利益，但若长此以往，总会一败涂地。离开校园之后，生活将是你们的老师；

社会是你们的学校。它们会不断给你们新的角色、新的定位，只要你们有所坚持、有所坚守、有所追求，未来肯定有你们的一席之地。

百尺竿头思更进，策马扬鞭自奋蹄。在结束大学生活并开始新生活之际，你们总会有很多的伤感、惆怅和眷恋。无论这四年时光过得好或不好，无论你愿意还是不愿意，总是要离开的。我们都只能努力向前，把四年的回忆装进行囊，奔赴山海，成为今后源源不断的动力，百尺竿头更进一步。离开了校园，很多事情都要你们自己来面对，同时做出决定。希望你们重新树立目标，规划好自己的人生，策马扬鞭不断奋进。

天下无不散的筵席，聚散离合本就是人生的真相。亲人之间是这样，师生之间亦是如此，跟母校的情感更是如此。愿你们谨记"德学并举，知行合一"的校训，带着学校、老师的期盼，奔赴你们的星辰大海。

给 2020 届毕业生

"都说毕业遥遥无期，转眼就各奔东西。"毕业季，我们总是和各种各样的表格和材料为伴，修改毕业设计、答辩、求职谋生、升学、考试……各种事情交织缠绕在一起。毕业季的时间被安排得满满当当，让每个人的脚步变得匆匆忙忙。四年的光阴在这一刻就要画上句号，用一张张繁复的表格、一个个鲜红的印章。不管你有没有准备好，不管你愿不愿意，此刻，都要被推向全新的未知的洪流中。

回想起以往每个学期期末考试结束时，同学们都说下个学期再见，之后开心地离开。而这一次，是真的要说再见了。相处四年的同学与室友，何时能再聚到一起，谁都不知道，谁也不敢保证。

想到这些，我们的内心总是涌起阵阵伤感。对过去的珍惜，对未来的迷茫，于你，于我，都是一样的。

离别总是令人感伤，可是为什么会有分别，我也说不清。我只知道时间是一个很奇妙的东西，很多东西会随着时间慢慢淡化，甚至被遗忘；而有的东西在时间里会变得越来越深刻，愈久愈美好。大学四年的时光就是愈久愈美好的东西。大学是除了小学之外最长的一个学习阶段，对很多人而言，也许是最后的学生生涯。四年，对于整个人生而言，或许不长，但这是一个转折点。大学之后，每个人都会有很多新的社会身份。

　　大学时光为什么会令人羡慕，令人终生难忘？也许就是因为在大学期间，我们都处在最美的年华，每个人都是最自由的自己，而且是最好的自己。

　　美好的东西总是令人留恋、令人不舍，但前路又不得不去面对，不得不做出选择，不得不离开。四年的时光里，我们哭过、笑过、抑郁过、愤怒过、失落过、收获过……对这个生活四年的地方，我们抱怨过、遗憾过，也感到过自豪、幸福……在离别的这一刻，所有的情感都已不再重要，它们都已成为我们在这里的美好回忆，在记忆里生根发芽，长出美丽的花。

　　有聚就有散，有离就有合。今天的离别在四年前就已经注定，只是时光太美好，我们太珍惜、太不舍，不愿意接受这样残酷的事实。尽管如此，又能怎样呢？你们依然要离开。

　　滋兰池、汤山，慎思楼、博学楼、明德楼、图书馆、致知楼、艺术楼，3路、11路，东站……再叫一声它们的名字，再看它们一眼，再跟它们拍一张合照。

　　祝2020届毕业生一路顺风，大展宏图。

你对待时间的态度，直接决定了你的未来

　　经常听到有同学抱怨，抱怨这个不公平那个也不公平，抱怨老师偏爱。我听到后，真替他们感到遗憾，但又不好直接指出来，怕伤害到他们。

　　上天或许对每个人未必都做到绝对公平，但种什么因就会结出什么果，所有的结果都是有原因的。不管你的条件如何，你的状态如何，每位同学每天都有二十四个小时。在学校里，每位同学参与学习、参加比赛和活动的机会都是均等的，除非自愿放弃。抱怨其实是对这些情况认识得不够清楚。

　　普通成年人的一天可以大致分为三个八小时，八小时睡觉，八小时工作学习，八小时自由支配。对待这三个八小时的态度，往往决定了人生的高度、深度和广度。

　　睡眠中见习惯。很多学生中学的时候，学习压力大，睡眠不够充足。上大学后，本应该努力学习，他们却睡得太多了。我经常看到一些学生上午一上课就在教室后排睡觉，一了解，发现他们的作息时间很混乱，晚上该睡的时候不睡觉，早上要学习的时候，却在补觉。一天算下来，睡眠时间虽远远超过八小时，学习和工作的效率却并没有得到提高。而有的同学养成了早睡早起、什么时间做什么事的良好习惯，

睡眠时间正好，效率也高。

学习中见耐力。很多同学的学习态度和习惯很不好，在课堂上，他们不仅不愿意主动坐在前排，反而要离老师尽可能的远；布置的作业，基本上是一拖再拖，实在拖不下去了，才拿起手中的笔，甚至直接拿起同学的成果"借鉴"。学习是一件很难的事情，需要求知者主动获取，而且持之以恒。可实际上很多同学的常态是"三分钟热度""三天打鱼，两天晒网"。优秀的人不是没有惰性，而是善于调节和坚持，不断树立目标，又不断努力。大家的起点都一样，却最终奔向不同的地方，就是这个原因。

娱乐中见自律。人和人之间的差异，源于除工作和睡觉外的八小时。一天的课程结束后，你把时间用来学习还是娱乐？用来参加各种活动还是发呆？用来运动还是打游戏？课余时间，有的同学能主动逃离舒适区，去图书馆，到操场，或参加其他活动，让自己时刻处于忙碌的状态；而很多同学却是从起床到睡觉，一直沉浸在网络游戏或社交软件中。长此以往，他们之间的差距显而易见。

放纵是本能，自律是本事。

优秀的人不仅懂得珍惜时间，而且善于把握时间，更加懂得管理时间，知道什么该做，什么不该做，更知道什么时候做什么事。

当然，你选择什么样的生活状态，别人无权干涉，但大好青春，美好的未来，不去尝试一把，你怎么知道自己不行呢？

不忘来时的路，方能走向远方

　　人生应该向前走，但也要常回头看看。常回头看看，数一数走过的脚印，看一看来时的路，想一想有没有偏离人生的方向，有没有做错事，有没有未实现的目标，再从中总结经验，吸取教训，从过去中展望未来。这是一种智慧。

　　当然，回头看不是一味沉浸在过去，而是为了更好地向前走。从个人而言，回头看可以发现路上遇到的问题，可以让人生少走弯路。从国家层面而言，回头看就是要牢记历史，不忘过去，避免出现错误的决策。

　　当下，全社会掀起了学"四史"的热潮，这就是"回头看"。历史是最好的教科书，从历史中"可以知兴替"，可以认清历史事实，可以理清历史脉络，这些对国家的发展和前途而言是至关重要的。特别是在即将迎来建党100周年的重要时间节点。而且，当前国际形势异常复杂，中国走好自己的路至关重要。启示，就来源于历史。

　　历史是宏大的，个人在历史面前是渺小的。每一个个体的努力书写构成了宏大的历史，历史又在个体身上印上时代的烙印，二者之间相互印证又相互促进。对新时代青年而言，明确个人和历史之间的关系尤为重要。

上了大学，没有高中频繁的考试和成堆的试卷，没有老师的千叮咛万嘱咐，也没了家长的时刻关注，同学们迅速分化。有的同学忙于学习，积极参加活动，把大学生活安排得井井有条，收获很大；有的同学漫无目的，悠然自得，享受着大学里的安逸；有的同学则"报复性"玩耍，把中学没玩的恶补回来……

不管你选择的是哪一种，终究要回到现实，终究要面对历史。

回过头看，一学期即将结束，时间过去了这么多，为何总感觉没有任何收获？为何总想起疲惫不堪的中学生活？这样浑浑噩噩的大学生活，是你想要的状态吗？种种问题，摆在你的面前，除非你视而不见。

在这个竞争严峻的社会里，很多青年学生依然找不到努力的方向，机械地在教室、寝室和食堂之间来回穿梭，停滞不前。这个时候，就应该找个安静的空间，静下心来，回过头，看一下自己来时的路，看看"四史"，你就会知道，你也正在书写中国特色社会主义的历史。你肩膀上的责任重大、使命光荣，没有理由虚度光阴。

拒绝"佛系"做时代新人

00后已经渐渐成为校园的主力军。他们中的很多人深受互联网、自媒体的影响，时刻以手机为伴，以网络为友，只要有网络，其他什么都无所谓、什么都可以，这种态度，网络上称为"佛系"，这样的青年被称为"佛系青年"。

"一代人有一代人的使命，一代人有一代人的担当"，00后大学生应该拒绝"佛系"，做时代新人，积极向上，练就真本领，勇担时代赋予的责任。

目前，中国已经进入了新时代，正在朝着实现"两个一百年"奋斗目标前进，已经进入了脱贫攻坚、全面建成小康社会的关键时期，正需要广大青年大学生为国贡献力量。青年大学生如果依然沉迷于自我的小世界，畅游于网络，奔走于游戏之间，那肯定会被国家、社会前进的脚步甩在身后。

当然，"佛系"已经成为青年大学生的一种普遍心态，要拒绝"佛系"心态，并不是那样容易。拒绝"佛系"，需要有清晰的理想和目标，只有有了努力的目标，才会风雨兼程、脚踏实地，才会奋勇前行；拒绝"佛系"心态，需要有强大的意志力，否则总有一天会成为温水里的青蛙，想跳也跳不出来；拒绝"佛系"心态，更要有强大的执行力，"明日复明日，明日何其多"，越是拖延，事情只会越来越多，对未来美好的理想越有可能成为空想。

爬雪山、过草地的长征已经成为历史的记忆，饥寒交迫又被敌军围追堵截的艰苦岁月只能通过文字才能体会，但为了追求更加美好幸福的生活，新时代的"长征"一直在路上。

作为新时代的青年大学生，应该清醒地认识到自己肩上的历史使命和沉甸甸的责任，要树立远大的理想，把自我的发展和国家民族的发展结合起来。国家的发展需要每一位青年大学生的努力，每一位青年大学生的进步也肯定会推动国家的发展。

"一代人有一代人的使命，一代人有一代人的担当"，00后青年大学生应该拒绝"佛系"，做时代新人。

你的未来在你自己手上

10月6日，还是国庆节假期，白天我去外面走了走，晚上没其他事，因此睡得比较早。半夜，我从睡梦中醒来，拿起手机，看了看时间，正值晚上11:50。就在这时，手机上连续弹出很多条消息，让还没从睡梦中清醒过来的我顿时睡意全无。

这些消息是一位休学的学生发过来的。他一股脑地发了六七条，屏幕的光线非常刺眼，我不得不眯着眼睛看他发来的信息。他首先向我说明了他之前休学的原因：他曾经一度认为"读书无用"，就把家里给他交学费的钱全部挥霍掉了，还经常逃课；到期末的时候，由于害怕考试考不过，无法毕业，就选择了休学；而现在，他为自己之前的行为感到后悔，想要好好学习了。

这名学生是这学期复学来到我班的，他来报到的时候我就向他之前所在班级的老师询问过相关的情况，了解了一点，但掌握不全。原本我打算国庆结束后找他详细聊一聊，没有想到现在他竟然主动向我和盘托出，让我感到很意外。

他一直发着消息追问我，现在他是否可以顺利毕业？他还说他也想考研，希望我给他一个机会。

我还没来得及回复他，就看到消息一条接着一条地弹出来。我知

194

道他想要一个肯定的答案，但能不能毕业我说了也不算数，还得经过学校的毕业资格审核，要看他的学分和绩点。我按照一以贯之的以鼓励为主的思路，告诉他：能否毕业要看你的表现，表现好，肯定会毕业的；考研是你自己的选择，机会不是我给的，是你自己把握的，你投入了、努力了，肯定会考得上。理想虽好，但要付诸行动才会实现，如果不付诸行动，再美好的理想也只是空想。

是啊，年轻人，喜欢想象，对未来充满无限的期待，这不是缺点，恰恰相反，是让年轻人的未来充满无限可能的优点。但他总是急于求成，从来没有踏踏实实、认认真真地做过实事，总是三天打鱼，两天晒网，玩玩这，玩玩那，没有坚持认真地做好过一件事，在无用的地方花费太多时间。

未来是美好的，但要一步一个脚印才能实现。你的未来会怎样，谁都不知道，只有你自己知道。因为，未来的路，就在你自己脚下。你走了，路就出来了。

"考研热"的冷思考

12月24日至25日，是2022年研究生招生考试的时间。从10月下旬到研究生考试，还有不到两个月的时间。据预测，2022年研究生考试报名人数将首次突破500万人。从2015年以来，研究生考试报名人数从164.9万人起一直在节节攀升，考研的热度一直在增长，令我大吃一惊。考研的竞争压力让我这个过来人都吓得一身冷汗，我不禁静下心来思考"考研热"的深层原因。

我身边就有不少考研的学生，他们大多是2022年毕业的学生，也有不少是第二次参加考试的同学，他们2021年考研失利后，就一直没有参加工作，在校外租房，利用学校的场所学习、备考。有时，我会向他们了解考研准备的情况，知道了很多他们备考的艰辛。

作为一线教育工作者，看到这么多的学生积极备考研究生，我是很开心的。这是学生上进的体现，他们想到更好的学府进一步深造，进一步提高自身的专业知识和能力，进一步提高自身的综合素质，这是值得肯定的，也是应该支持的，应该感到欣慰。

但有一个残酷的事实，很多参加研究生考试的同学对自身的专业水平了解不清，导致对自己的定位不准确，考研目标不够清晰，以至于沦为了"炮灰"，成为"陪跑者"。这些同学报考的学校跟自身的能力极不匹配。很多人直奔名校，非985、211的学校不上，或追逐热门专业。这样的同学每年都有很多，他们考研是为了镀金，看中了名校的光环，即使后来没有考上报考的学校，但过了国家线有了调剂的机会，他们却直接选择放弃，令人遗憾。这些同学忽略了自身的实际，不管自己如何努力都很难如愿。

还有很多同学选择考研是为了逃避就业。每到毕业季，同学们都积极去找工作，但总有一部分人，打着考研、考公务员的幌子，依然享受着舒适、惬意的校园生活，不想面对毕业的现实，依然晚睡晚起，游戏人生，从而错过一次又一次的就业机会，浪费了很多时间。

考研数据的变化是就业形势的风向标，它反映了当下众多高校毕业生的心态。研究生扩招之后，本科学历开始"贬值"。本科生毕业之后直接走上工作岗位，竞争力不强，面临的选择少，待遇也不高。同学们通过考研来增加就业的砝码，这很正常，但要对自己的未来有一个相对清晰的规划，对自己的能力、水平有一个相对清晰的定位。目标准确，避免盲目跟风，这样目标才会实现。

同学们，始终要记住，适合自己的就是最好的，考研也是这样。

远离校园贷　青春不负债

一周之内，辖区民警陶警官就在工作群里连续通报了五起学生被骗的情况，合计的损失金额巨大。看到这样的消息，我的内心是又心痛又遗憾。

一是心疼钱。不管多少钱，都是学生的父母通过劳动换来的。按照平均一天一百多块钱的工资水平算，损失的钱要付出多少劳动才能换回来啊？何况有的学生父母收入不佳，赚钱更加不容易，不知道要付出多少时间和汗水。

二是感到遗憾。防诈骗是一个老生常谈的话题，老师们不厌其烦地说，开学说，期末说，月月说，周周说，但为什么同学们的防范意识仍没有提高？转钱之前为什么不确认一下？为什么非要等到受骗之后才后悔？

现在，"校园贷"跟"校园害""诈骗"密切联系，已经背离了其助学和创业的初衷，一般具有高利贷性质；还可能会出现恐吓、殴打、威胁等极端行为，甚至诱发犯罪。

作为新时代的大学生，到底应该如何预防校园贷呢？

一、要增强保护意识。校园里的大学生，涉世未深，判断力有限，很难抵御便宜或者高档物品的诱惑。因此，首先要增强保护自己的意识，提高判断力。不要轻信各种免费活动，不要贪小便宜，要坚信便宜无好货，好货不便宜。凡事牵涉到钱就要提高警惕，三思而后行。

二、培养理性的消费观。目前，大学生的开销主要依靠父母支付，消费能力有限。所以，大学生们要根据家庭实际情况来决定自己的消费水平。要充分认识到诈骗的危害和风险，树立理性科学的消费观念，不要超前消费、贷款消费，坚持勤俭节约的良好习惯。

三、养成健康积极的心态。根据案例情况，很多诈骗都是由于学生想要购买贵重电子产品或者其他贵重物品所引发的。因此，大学生们要养成健康积极的心态，不盲目跟风，不攀比消费，不要有自卑心理。要明白：物质是暂时的、次要的，而精神上的成长才是永恒的追求。

四、要保护好个人信息。生活中，我们经常接到推销商品的陌生电话，我也很疑惑他们的信息来源。有时候学生也跟我反映，说邮箱里收到了署名为教务处、学工部、校办的邮件，或是接到取助学款的电话，要他去某个地方激活银行卡等。种种事例说明，现在信息泄露的情况特别严重，所以我一直提醒同学们要保管好自己的个人信息，特别是学生证、身份证号和银行卡账号。

五、要了解常见骗术。如"利息不到 1%，马上到账""你的快递丢了，我们将进行双倍赔偿""教大家一个网上日赚 ×× 元的方法""兼职刷单，日赚 × 元""学工部（教务处）发来一条通知"等。

这样的"宣传标语""广告"随处可见。其实，这都是骗子布下的骗局，他们一直潜伏在我们身边，时刻瞄着我们口袋里的钞票，我们稍不注意就掉入他们挖的陷阱。所以，我们不仅要随时保持高度警惕，提高防范意识，而且要熟知骗子的骗术。俗话说得好，"打铁还需自身硬"，同样的道理，自己练就一双火眼金睛，见多识广，骗子也无处遁形了。

　　说一千道一万，还是希望同学们能避免不必要的损失，平安健康地成长。

做一名不再瞎忙的辅导员

忙，是辅导员的共同感受。可是，忙碌之后，获得感却很低，更不要说有幸福感和归属感了。所以，很多辅导员老师厌烦这个岗位，"身在曹营心在汉"，一心想着转岗。

当然，不排除部分老师是因为想到高校就业，但不符合其他岗位的条件，退而求其次，才来到辅导员岗位。但既然目前还在这个岗位上，我还是想说，既来之则安之，在其位谋其职，这是本分，也是责任。

去年我在江城培训时的场景还历历在目。朱平老师的睿智如涓涓细流在时间长河里慢慢流淌；祁明副校长为"校园危机事件"提供了应对方法；程海云老师清晰的思路为大学生宿舍建设指明了方向；华秀梅、刘新民等老师都从不同侧面对辅导员的工作进行了深入的剖析……这些都给我留下了深刻的印象，指引我在实践中不断摸索、不断成长。回顾自己的辅导员生涯，忙忙碌碌却又迷茫，应对事务时手足无措都是常态。

我对辅导员这个职业和工作最初的了解，来源于我大学时期的辅导员。那时，辅导员在开学和期末时会分别给我们开一次班会，布置本学期的重点工作。大多数时候，他都是通过班级群来通知和布置事情的。一学期中，我们很少能见到他，从他平时匆忙的脚步中，我们都知道他很忙，但他具体忙些什么，我也是模糊不清。来到辅导员岗位之后，我对辅导员的工作内容也曾感到迷茫，隐约知道和学生相关，但具体有哪些内容，却说不上来。

正式上岗之后，才发现辅导员工作的面非常广，"上面千条线，下面一根针"，涉及方方面面。辅导员的工作涉及学生的学业、生活、思想动态、奖助学贷、就业实习等方面，还要重点关注特殊学生，以及协助协调开学、考试和毕业等特殊时期。工作如何实施，如何协调，准备哪些材料，怎样才能把事情做好，我心里没有底。这个阶段，我对辅导员工作的理解是笼统的。此时，我的心情是："昨夜西风凋碧树，独上高楼，望尽天涯路。"我是迷茫的，也是忐忑的。

我全面了解辅导员九大工作职责，还是在岗前培训上。正式上岗之后，我除了在自己的岗位上摸索、试探和了解外，还常向办公室的汪老师、王老师、牛老师、陈老师等前辈请教学习，慢慢地才真正了解了辅导员的具体工作内容有多么庞杂。辅导员的工作内容涵盖了思想理论教育和价值引领、党团和班级建设、学风建设、学生日常事务、心理健康教育与咨询工作、网络思想政治教育、校园危机事件应对、职业规划与就业创业指导，以及理论和实践研究。辅导员工作内容如此之多，给初入职场的我来了一个下马威，让我感受到做一名合格或优秀的辅导员是一件多么不容易的事情。

我明白事情再多、再难也要学会面对。一开始，我接任了电气工程及其自动化专业两个班级的辅导员。正式开学后，又接了三个电气工程及其自动化专业的新生班级，并承担了学院的实习和宣传工作。在王老师的带领下，还一起负责学院的就业工作……这一阶段，我熟悉了工作内容，每天都是忙忙碌碌的，沉浸在具体的琐事中，脑子里想的都是如何把工作做好，让学生感到信任和公平。这时，我很充实，是"衣带渐宽终不悔，为伊消得人憔悴"。

这一年，我每天都是在忙忙碌碌中度过的，时间被大量的琐事所占用，陷入了事务性的工作中，每天按部就班地上班、下班，按时处理常规工作，定期给学生召开主题班会。一切看似驾轻就熟，但是我的内心却不再满足于工作的完成，而是寻求着跳出事务性的工作，思考着如何对学生工作有一个系统设计。我又陷入迷茫。

转眼间多年过去，回首这些年走过的足迹，我再一次豁然开朗。真是："众里寻他千百度，蓦然回首，那人却在灯火阑珊处。"经过这几年的实习与实践，我深刻认识到：

首先，辅导员要明确这一职业的角色定位，坚持育人为本、敬业爱生、终身学习、为人师表。要一切以学生为中心，围绕学生、关照学生、服务学生，把握学生成长规律，不断提高学生思想水平、政治觉悟、道德品质、文化素养；要引导学生正确认识世界和中国发展大势、正确认识中国特色和国际比较、正确认识时代责任和历史使命、正确认识远大抱负和脚踏实地，让学生成为中国特色社会主义的合格建设者和可靠接班人。同时，还要做学生日常思想政治教育和管理工作的组织者、实施者和指导者；做他们的人生导师；做他们健康成长的知心朋友。要从学生中来，回到学生中去，想学生之所想，急学生之所急，秉着公平、公正的态度处理学生各方面的事情。要对学生充满爱心、耐心和细心，及时了解学生的家庭、学习和生活情况，解决他们生活、学习上的困难和问题。

其次，辅导员要进一步明确其岗位职责，帮助学生树立正确的人生观、人生信念，养成良好的道德品质，积极开展党的基本知识教育和理想信念教育，以理想信念为核心，引导学生树立远大理想，积极培育和践行社会主义核心价值观，增强学生的使命感、责任感。要深入开展中国特色社会主义、"中国梦"宣传教育和社会主义核心价值观教育，帮助学生不断坚定中国特色社会主义道路自信、理论自信、制度自信、文化自信，牢固树立正确的世界观、人生观、价值观。同时，及时掌握学生思想行为特点及思想政治状况，有针对性地帮助学生处理好思想认识、价值取向、学习生活、择业交友等方面的具体问题。引导他们养成积极上进、有责任、有担当的品格，培育良好的班风和学风，建设一支踏实认真能干的、为班级服务的班委队伍，为学生的成长成才提供平台。

最后，辅导员要不断学习，不断提升自身能力和职业素养。只有自身具备过硬的思想政治素质、丰富的学科专业知识和积极向上的学习心态，才能应对个性鲜明又迥异的学生。树立终身学习的目标，了解最新的社会发展趋势，掌握最新的心理学、社会学等领域的相关知识，剖析学生的心理状态，提前谋划。我将进一步树立服务意识和平等意识，放低姿态，摆正位置，学会与学生沟通，耐心地解决日常问题，做好日常活动、奖助学贷、学生职业规划、实习就业、创业指导等常规工作。同时，时刻保持一颗警惕的心，防患于未然，把学生问题解决在萌芽的状态。一旦遇到紧急问题，第一时间做好应急预案，做好沟通解释和善后工作。同时，要积极开展理论研究工作，不断提升自己的理论水平，学会应对学生的新情况，能够解决学生的新问题。

总之，辅导员的工作是一项庞大的工程，涵盖了学生成长成才的方方面面。我觉得最重要的还是确定好自己的职业发展目标，只有定位好了，找到了目标和方向，努力了，才会有幸福感、归属感和荣誉感。

我想起韩愈的《师说》：师者，传道授业解惑也。韩愈用六个字概括了老师的内涵。这六个字说起来容易，然而真正做一名老师，特别是好老师却很难。在我们身边，把老师当作"副业"的不是大有人在吗？在我们身边，"只负责教书，不负责育人"的老师还少吗？

选择比努力更重要

生活中，我们经常会面临很多选择。但是，许多人都不善于做出选择，包括我自己。人们总是希望有最优的选择，这个也想要，但另外一个选择也不想放弃；希望少走路，直接到达目的地，甚至想着不劳而获。

最近考研的成绩已经下来了，我发现出现了两种截然不同的学生类型。

一类学生平时成绩很好，综合素养也高，但考研的成绩很糟糕。另外一类平时表现平平，但考试成绩却很不错。

考得好固然是值得开心的事情，不过因为还有复试，我还得提醒他们继续努力。考得不好的同学我更要关心，生怕他们受不了挫折，担心他们出现心理问题，或者想不开，走极端。所以我分别找他们来交流。

通过了解，我发现平时表现很好的同学，积极自信，他们制定的考研目标比较高，但因为教材、试题难度、复习准备等原因，导致考研分数不高。平时表现中规中矩的同学在班级中也很低调，比较务实，考研的时候只想考一般的院校，结果分数反而比较高。

有一则寓言是这样的。一只啄木鸟看到一群鸬鹚俯冲下水，然后噙鱼而出，表情甚是自得。啄木鸟心有不甘，于是，也挥起翅膀，俯身向水中的鱼群冲去。不料，河水直灌而来，啄木鸟耳鸣目眩，差点晕死过去。然而，它并不甘心，一次又一次扑向水面……

结果可想而知。

现实生活中，我们又何尝不是如此。有些人总想努力去弥补自己的遗憾，最后却落得个狼狈不堪的结果。很多同学一心想考入名校，考大学的时候没有实现，考研的时候又没有实现，于是第二次，甚至是三次参考。即便你很努力，可如果选择错了院校，可能永远都不会被录取。所以，我经常跟考研的同学说，一定要清楚自己的水平，定位好自己的目标，不要好高骛远，这样才有可能实现自己的目标。做出对的选择，再去努力，会事半功倍。有些时候，选择确实比努力更加重要。

人生需要方向盘

还没上学的时候，父母给我们领路。上了学，老师指引我们前行。后来，我们毕业了，开始独立了，却不一定能走好自己的人生路。就像学了很多游泳理论的人却不一定会游泳一样，人生也是这样，我们掌握了很多成长的道理，却未必能走好自己的人生。

人生不仅需要别人的指引，更需要自己握紧方向盘来掌握前行的方向。方向对了，努力就会有收获，生活就会蒸蒸日上；方向错了，就可能会误入歧途，甚至是贻误终生。

聪明的人都会牢牢抓紧自己的方向盘，并不断努力。

握紧方向盘指的是要经得起各种诱惑。人生的路漫长又复杂，在路上，我们经常会遇到各种诱惑，扰乱我们前行的方向，让我们犹豫、迷茫、困惑……有些人一不小心想走成功的捷径，最终却付出惨痛的代价。很多同学在校期间兼职，最后却陷入网络贷款，无法自拔，学业被毁。有的同学交友不慎，令自己身心健康都受到伤害，以至于一蹶不振。社会上这样的例子比比皆是，好好的人生，因没有掌握好方向，家破人亡，妻离子散。

有人或许会反驳，这些也是人生的财富啊。我要说的是，需要损失身心健康、巨大物质财富换来的成长，代价太过沉重。

握紧方向盘不是说躺平，什么都不干。人是有理想的，是有初心的，人生的意义就在于奋斗拼搏。只有坚守住自己的初心，牢记自己的理想，不断拼搏努力，才会"方得始终"。握紧自己手中的方向盘就是要不断奋斗前行，不断成长。

　　掌握人生的方向盘是需要取舍的。人生路上，我们都会遇到十字路口，需要我们做出抉择。选择其中的一条，就必须放弃另外一条。选择了前行，就要放弃懒惰和安逸；选择了安于现状，就要放弃理想。当然，我们很难做出判断，因为万事万物都是处于变化发展当中，并且还是可以相互转化的。"有得必有失""得就是失，失就是得"。有时候表面上看是失去了，但从长远来看是获得了；有时候表面上是获得了，但从长远看是失去了。有些同学为了在班级里争某个荣誉，却在同学中间失去了信誉，以后再也没有同学支持他了；有的同学默默为集体奉献，付出了很多时间和精力，最终得到了同学们的认可，也获得了应有的回报。

　　我们很平凡，更要握好自己的人生方向盘。

后记

这是些单纯的文字。

这些单纯的文字大多是在工作的间隙仓促写就的。有时候或许是一个思考，有时候或许是一个感触，我在某几项工作的间隙中匆忙写出来，还没来得及打磨、补充和完善，就匆匆完工，又赶紧投入下一项工作之中。

所以，我深知，这些文字，是单薄的，缺少了延伸，深度和广度都不够。但对我自己而言，这些都是我成长的印记，记录了在某个时期我对未来的期盼，记录了我在某个时间里的情绪，记录了我对学生成长、对自己未来的思考……因此，在本书还没有最终确定书名的时候，我就想以"和你们一起成长"作为本书的书名，用"青春迷茫——迷路""青春徘徊——探路""青春前行——指路"来分类。

确实是这样，哪个人的人生是从一出生就被确定好了的呢？不管处在哪个年龄段，我们都需要不断成长，特别是青年。还记得方院长说过，人生都需要经历三个过程，分别是"青春叛逆""浪子回头""立地成佛"，这句话给了我很多启示，我们的成长不正是这样吗？

日常工作是烦琐的。目前，我担任学院的团总支书记，兼组织员、党委委员、学工联络员，负责学院团学工作、学院党员发展工作、统筹"三全育人"工作、学生实习就业和日常管理工作等，还要上课，带5个班级共200多名学生。所以一遇到开会的时候，我经常要同时参加好几个会议，要参加学工部的会议，要参加团委的会议，要参加党委委员会议，要参加联络员的会议……分身乏术。特别是在疫情防控常态化的大背景之下，每天都要上报数项数据，学生管理上的工作压力更是非常大。

看到这么多的工作内容和会议，我都有点喘不过气来。有时候我跟伙伴们交流，他们都露出惊讶的表情，问我是怎么做到的。事实上，我经常在黑夜里醒来，想到白天的工作，真不知道自己是如何做完的。事情太多，难以面面俱到地做好每一项工作，每件事情勉强完成就已经很不容易了，要干出色，谈何容易。

写这本书的初衷是给自己的过去做一个总结，这么多年来，我经历了中考、高考、研究生考试，经历了考编、考公，但我的人生到底应该如何定位、如何发展，我自己也不知道，也一直在犹豫徘徊，一直在摸索。有时候我会想，我的未来在哪里？或者说一名大学辅导员的未来在哪里？没人会给出确定的答案。

每年9月，我都要给新生上职业生涯规划课，然而我自己对于未来都没有过细致的规划，总是走一步看一步。因此，有时候上课也感觉底气不足。我自己都没有走出完美的、令人羡慕的人生，还要去给别人做指引，自己都觉得有点心虚。

在以科研为导向的高校，专业课教师一入职，就要开始考虑申请科研项目、发表论文的事，以至于很多老师上完课就走人，不愿意用自己的人格魅力、生活阅历引导学生成长。但人在成长过程中，最重要的却是思想引领。因为"是思想为我们领跑，思想携我们飞翔，是思想为我们赋聚并立神"。正如雅斯贝尔斯说："教育，是一棵树摇动一棵树，一朵云推动一朵云，一个灵魂唤醒另一个灵魂。"

现在，我做了这么多年的学生工作，深知学生的问题大多是思想问题，解决了思想问题，就离真正的教育近了。和学生相处久了，对学生有了情感，渐渐地，也有了依赖感、归属感和幸福感。尽管我仍非常害怕深夜接到学生的紧急电话，害怕学生在假期里出现这样或者那样的意外……但我不会因此而退缩。因为学生收到录取通知书向我报喜讯的那一刻，我会感到很高兴；学生让我参加他们的活动、担任评委时，我也会很激动……

一切都是值得的。离开了学生，我还是老师吗？我还能收获这么多的幸福吗？

写这本书的另外一个目的，是我想把自己的经历作为经验提供给读者，因为确立"自我"需要"他者"的参照。希望他们从我的经验中，为自己的成长找到一丁点儿参照；我想让他们知道，迷茫是青春的常态，只有不断探索，才能找到前行的道路。

转眼间，2018级学生已离开了校园，他们的故事散落在汤山脚下、滋兰池边，这里成了他们一生的牵挂和回忆。试想，某一天他们回来，看到校园已物是人非，而老师还依然如旧，在讲台上畅谈人生，给予他们人生建议，这会是一种什么样的感觉？

我经常对学生说，做人要常怀感恩之心，我也是这样做的。这本书的完成要感谢阮爱民书记、周祥部长，他们的督促和指导让我有了前行的动力，在忙碌中不断完善书稿；要感谢方习文院长，他给本书提供了很多有益建议；要感谢汪军老师、王燕老师、牛美芹老师，他们在我职业生涯之初给予了很多指导。还有郭世洪、陈浩、王靖国、方钱、晁天彩、涂静、刘小燕、丁继勇、陈建、方磊等老师，从他们身上我学到了很多。要感谢那些可爱的学生们，是他们帮助我成长。

感谢近 20 年的好友胡广、苏金波、吴为、黄亮，他们给我无穷的动力。最后还要感谢其他默默关心我、支持我的家人、老师和朋友。

本书的完成要特别感谢唐婷婷老师，在此甚为感谢。

苏洁红

2022 年 3 月 25 日于汤山脚下